Wilfried Krenn | Herbert Puchta

Gute Idee! A2.2

DEUTSCH FÜR JUGENDLICHE
ARBEITSBUCH PLUS INTERAKTIVE VERSION

Deutsch als Fremdsprache

HUEBER VERLAG

Beratung:
Cristina Ortega Lupiáñez, Granada, Spanien
Robert Poljan, Bjelovar, Kroatien

3. 2. 1. | Die letzten Ziffern
2027 26 25 24 23 | bezeichnen Zahl und Jahr des Druckes.

Alle Drucke dieser Auflage können, da unverändert, nebeneinander benutzt werden.
1. Auflage

Umschlaggestaltung: Sieveking · Agentur für Kommunikation, München
Layout und Satz: Sieveking · Agentur für Kommunikation, München
Verlagsredaktion: Veronika Kirschstein, Lektorat und Projektmanagement, Gondelsheim;
Gisela Wahl, Hueber Verlag, München
Druck und Bindung: Westermann Druck Zwickau GmbH, Zwickau
Printed in Germany
ISBN 978-3-19-661824-2

Art. 530_28363_001_01

WEGWEISER

GUTE IDEE!
hat pro Band drei Module. Jedes Modul hat zwei Lektionen und einen zweiseitigen Test.

LEKTION | Jede Lektion enthält ...

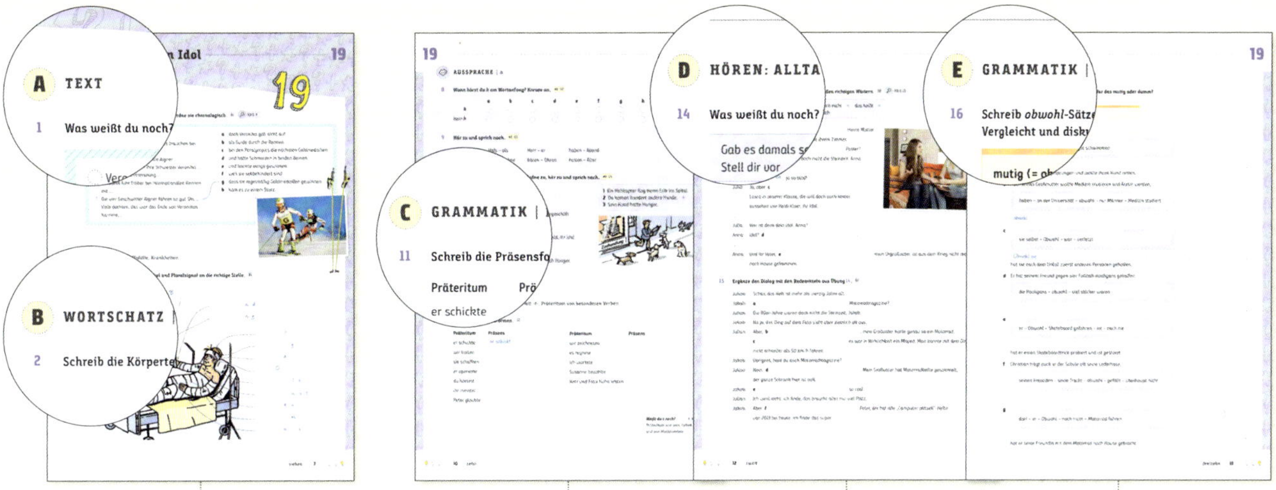

A B C D E

abwechslungsreiche **Übungen** zu Textarbeit, Wortschatz, Grammatik und Alltagssprache passend zu den A- bis E-Seiten des Kursbuchs.

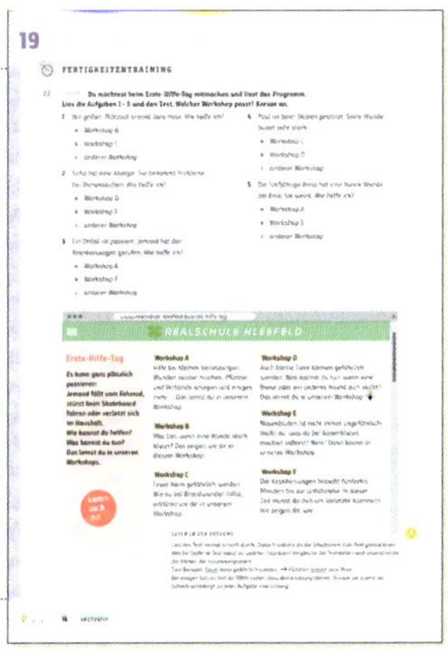

Fertigkeitentraining zur Prüfungsvorbereitung

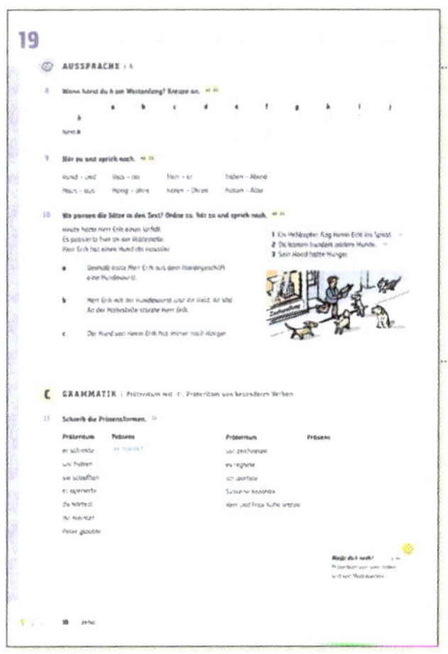

Ausspracheübungen

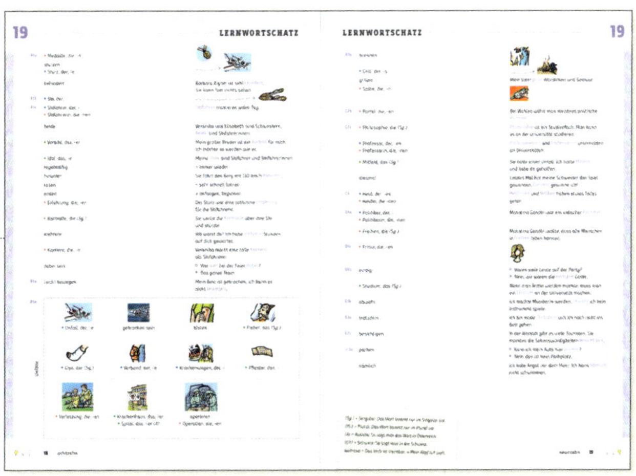

zwei Seiten **Lernwortschatz**

TEST | Nach 2 Lektionen gibt es einen Test zu Grammatik, Wortschatz und Alltagssprache.

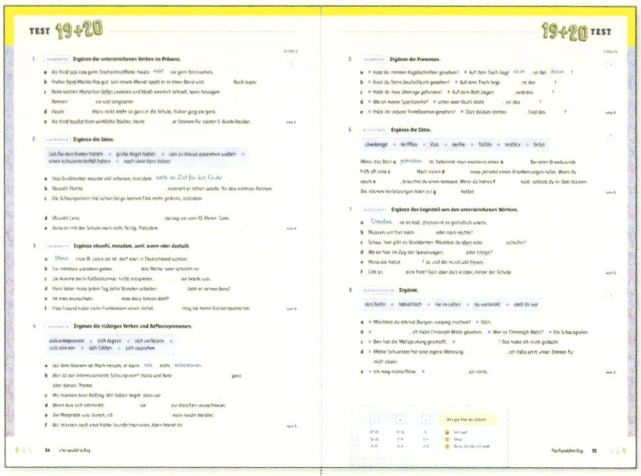

Lösungen zu den Tests → Seite 96

SYMBOLE

C1	Nach dieser Kursbuch-Aufgabe kannst du die Übung lösen.
🔊 3	Hörtext zur Übung, auf CD oder über die App abrufbar
KB S. 14	Beim Lösen dieser Aufgabe hilft dir der Text auf der angegebenen Kursbuchseite weiter.
	Übungen zur Aussprache
	Prüfungsaufgaben zum Lesen, Hören, Sprechen und Schreiben

GRAMMATIK
Tipps zum Lernen von **Grammatik**

WORTSCHATZ
Tipps zum Lernen von **Wortschatz**

LESEN IN DER PRÜFUNG
Strategien zum Hören, Lesen, Schreiben und Sprechen **für** die **Prüfung**

Weißt du's noch? S. 94–95
Grammatik-Wiederholung

INHALT 19–24

1 **Was weißt du noch? Finde sechs Fehler im Text. Korrigiere die Fehler.** S. 7, 1

Emma

Emma bekommt ~~30 Euro~~ 20 Euro Taschengeld im Monat. Sie muss ihre Schulbücher selbst bezahlen. Da ist dann schon die Hälfte weg. Emma spart jeden Monat ein paar Euro. Sie möchte ein Fahrrad kaufen. Emma hat in den Ferien drei Monate in einem Tierheim gearbeitet. Sie musste dort alles sauber machen und mit den Tieren spielen. Die Arbeit hat ihr gefallen, aber sie möchte das nicht als Beruf machen. Sie möchte später in einem Krankenhaus arbeiten. Da muss sie zuerst eine Lehre machen.

2 **Zu welchem Thema passen die Antworten? Unterstreiche das richtige Thema.** S. 7, 2

a	Ich bin gegen Schuluniformen.	Reisen | Kleidung
b	Weil sie viel teurer als normale Kleidung ist.	Kleidung | Sport und Rekorde
c	Wir sind ans Meer gefahren.	Reisen | Essen und Trinken
d	Mein Bruder macht eine Lehre als Mechatroniker.	Früher und heute | Ausbildung
e	Mein Lieblingsgetränk ist heiße Schokolade.	Essen und Trinken | Sport und Rekorde
f	Das Hotel war sehr schön.	Reisen | Essen und Trinken
g	Meine Schwester ist zwei Jahre älter als ich.	Familie | Kleidung
h	Nein, aber ich war einmal Zweiter bei den Schwimmmeisterschaften.	Sport und Rekorde | Familie
i	Wir mussten nicht so viele Hausaufgaben machen.	Früher und heute | Familie

3 **Schreib Fragen zu den Antworten in 2.** S. 7, 2

a für oder gegen Schuluniformen sein *(Bist …?)* Bist du für oder gegen Schuluniformen?

b keine Markenkleidung kaufen *(Warum …?)* ……………

c in den Urlaub fahren *(Wohin … ?)* ……………

d beruflich machen *(Was …?)* ……………

e Lieblingsgetränk *(Welches …?)* ……………

f Hotel gefallen *(Wie …?)* ……………

g Schwester *(Wie alt …?)* ……………

h Wettbewerb schon gewonnen *(Hast …?)* ……………

i früher besser *(Was …?)* ……………

4 **Verbinde Jans Fragen (a – f) mit den richtigen Antworten.** S. 7, 2

a Was ist deine Lieblingsspeise?
b Was sind die wichtigsten Zutaten in deiner Lieblingsspeise?
c Wo und wann hast du deine Lieblingsspeise zum ersten Mal gegessen?
d Kannst du deine Lieblingsspeise selbst kochen?
e In welchem Restaurant isst du deine Lieblingsspeise am liebsten?
f Mögen die anderen Personen in deiner Familie deine Lieblingsspeise auch?

1 Ananas und Schinken
2 Nein, niemand mag Pizza mit Ananas.
3 Ja, das ist nicht besonders schwierig.
4 In der Pizzeria „Carlo".
5 Pizza Hawaii
6 Das war bei meiner Oma, da war ich sechs Jahre alt.

5 **Was weißt du jetzt über Jans Lieblingsspeise? Schreib einen Text.** S. 7, 2

Jans Lieblingsspeise ist …

Mein Vorbild, mein Idol

19

A TEXT

1 Was weißt du noch? Finde die Sätze und ordne sie chronologisch. A1 KB S. 9

- ◯ Veronika war schwer verletzt …
- ◯ Barbara, Veronika und Johannes brauchen bei den Rennen einen Guide, …
- ◯ Schon bald holte die Familie Aigner …
- ◯ Heute führt Elisabeth ihre Schwester Veronika …
- ◯ Bei einem Abfahrtstraining …
- ◯ Elisabeth fuhr früher bei internationalen Rennen mit …
- (1) Die vier Geschwister Aigner fahren so gut Ski, … — g
- ◯ Viele dachten, das war das Ende von Veronikas Karriere, …

a doch Veronika gab nicht auf.
b als Guide durch die Rennen.
c bei den Paralympics die nächsten Goldmedaillen.
d und hatte Schmerzen in beiden Beinen.
e und konnte einige gewinnen.
f weil sie sehbehindert sind.
g dass sie regelmäßig Goldmedaillen gewinnen.
h kam es zu einem Sturz.

B WORTSCHATZ | Unfälle, Krankheiten

2 Schreib die Körperteile mit Artikel und Pluralsignal an die richtige Stelle. B1

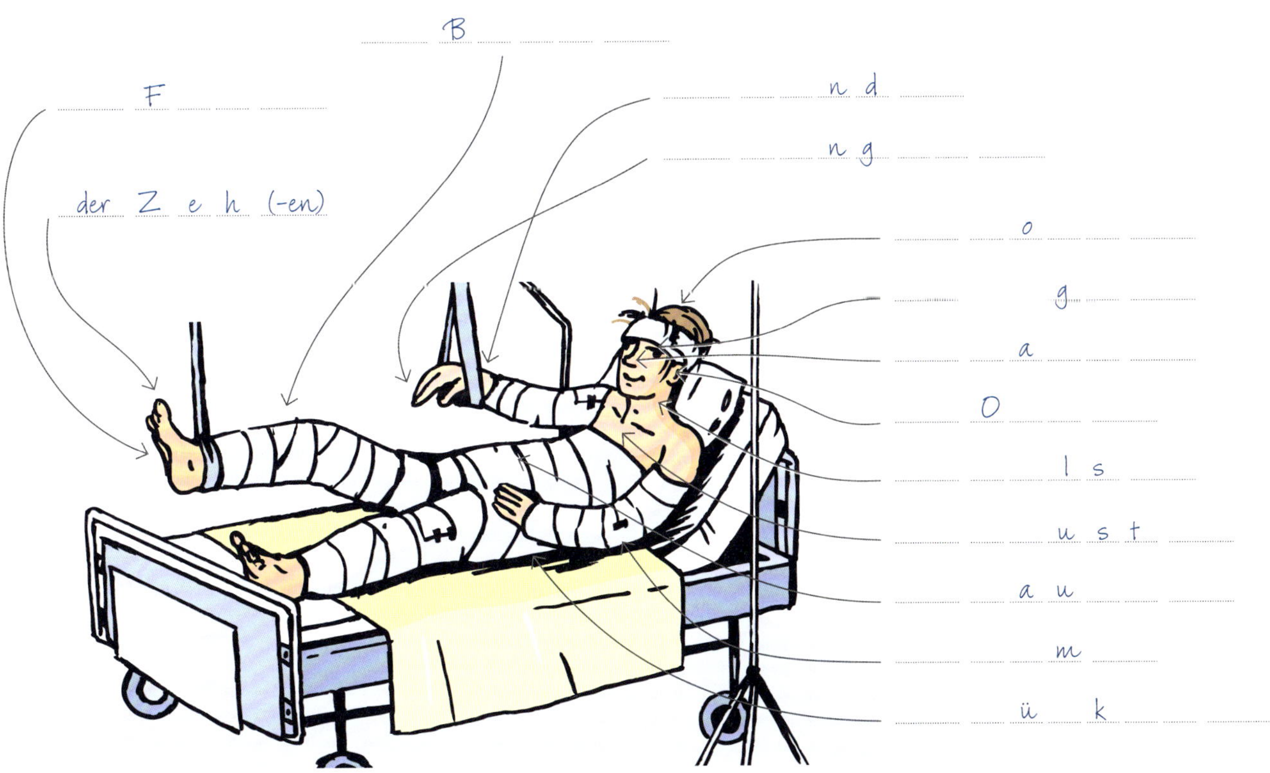

3 **Schmerzen und Hilfe. Finde die Wörter und ordne zu. Ergänze.** B1

unfallgestürztfieberblutetbewegenkopfschmerzengebranntgebrochen

salbepflasterkrankenhauskrankenwagenmedikamentgipsverband

Unfälle, Schmerzen	Hilfe

Ich habe ... pf ... chm ... z ..., ...	er bekommt einen ... p ... .
Er kann sein Bein nicht ... w ... g ... n,	ich brauche ein ... d ... m ... t.
es ist ... e b ..., ...	wir müssen einen
Ihr Arm ... l u ... t, ...	... a n ... g ... rufen.
Da war Feuer. Ihre Hose hat ... b r ... t, ...	Hast du ein ... l ... t ... ?
Da war ein ... f ... l, ...	sie braucht einen ... b ... n ... .
Ich bin ... s t ... z t, mein Knie tut weh.	sie braucht eine ... b e.
Meine Schwester hat hohes ... i ... b ..., ...	vielleicht muss sie ins
	... r ... h ... s.

4 **Sieh die Zeichnungen an. Was ist passiert? Schreib eine Geschichte.** B1

Freunde am Fluss treffen — *Ich habe meine Freunde am Fluss getroffen.*

Skateboard fahren — *Wir sind*

einen „Ollie" probieren

stürzen

der Arm wehtun

nicht bewegen können

ins Krankenhaus fahren

einen Gips bekommen

5 **Wie ist der Unfall passiert und wo war Tim zum Schluss? Hör zu und kreuze die beiden richtigen Antworten an.** B1 01

◌ beim Eislaufen ◌ im Garten ◌ beim Pizzabacken ◌ im Krankenhaus

6 **Hör noch einmal. Finde die Schlüsselwörter für die Hörgeschichte im Kasten und ordne die anderen Wörter für Unfallgeschichte 2.** B1 01

im Bett bleiben, Tee trinken und Medikamente nehmen ★ einen Verband machen ★ bluten ★ im Winter auf dem See eislaufen ★ ins kalte Wasser fallen ★ gemeinsam Pizza backen ★ zum Krankenhaus fahren ★ nach Hause gehen ★ Gemüse schneiden ★ mit Sophie sprechen ★ auf dem Eis einbrechen ★ einen Schnupfen und Fieber haben ★ ein Teil vom Finger weg sein

Geschichte 1 (Hörgeschichte)	Geschichte 2

7 Schreib Geschichte 1 oder Geschichte 2. B1

Tim hat mit seinen Freunden ...

Lina ist auf dem See ...

Weißt du's noch? S. 94
Perfekt

AUSSPRACHE | *h*

8 **Wann hörst du *h* am Wortanfang? Kreuze an.** 02

	a	b	c	d	e	f	g	h	i	j
h	◌	◌	◌	◌	◌	◌	◌	◌	◌	◌
kein *h*	◌	◌	◌	◌	◌	◌	◌	◌	◌	◌

9 **Hör zu und sprich nach.** 03

Hund – und	Hals – als	Herr – er	haben – Abend
Haus – aus	Honig – ohne	hören – Ohren	halten – Alter

10 **Wo passen die Sätze in den Text? Ordne zu, hör zu und sprich nach.** 04

Heute hatte Herr Erik einen Unfall.
Es passierte hier an der Haltestelle.
Herr Erik hat einen Hund als Haustier.

a ◌ Deshalb holte Herr Erik aus dem Hundegeschäft eine Hundewurst.

b ◌ Herr Erik mit der Hundewurst war ihr Held, ihr Idol. An der Haltestelle stürzte Herr Erik.

c ◌ Herr Eriks Hund hat immer noch Hunger.

1 Ein Helikopter flog Herrn Erik ins Spital. ★
2 Da kamen hundert andere Hunde. ★
3 Sein Hund hatte Hunger.

C GRAMMATIK | Präteritum mit *-t-*, Präteritum von besonderen Verben

11 **Schreib die Präsensformen.** C1

Präteritum	Präsens	Präteritum	Präsens
er schickte	er schickt	wir zeichneten	
wir holten		es regnete	
sie schafften		ich wartete	
er operierte		Susanne bezahlte	
du hörtest		Herr und Frau Kuhn lebten	
ihr meintet			
Peter glaubte			

Weißt du's noch? S. 94
Präteritum von *sein, haben* und von Modalverben

12 Besondere Verben. Ordne die Zeitungsschlagzeilen den Themen zu und schreib die Infinitive zu den Präteritumformen. C1

Politik (P)	Alltag (A)	Film, Musik, Kunst (F)	Sport (S)
	fuhr – fahren		

Dreizehnjährige wurde Olympiasiegerin! ◯

Skater fuhr schneller als Zug! (A)

Hunderttausend sahen neue Fernsehserie! ◯

Talk im Turm: Thomas Berger sprach mit UNO-Generalsekretär. ◯

Unfall auf der Autobahn: Rettungswagen kamen zu spät! ◯

0:4 im Heimspiel! Die Fans fanden das gar nicht toll. ◯

WELTREKORD: BELGIER Aß 55 STEAKS IN 4 STUNDEN. ◯

Ärzteskandal: Patienten nahmen falsche Medikamente! ◯

Kenianerin lief neuen Weltrekord. ◯

Nach der Nato-Konferenz: Politiker riefen Polizei. ◯

Österreicherin wusste alle Antworten und gewann eine Million Euro. ◯

Starautor schrieb neues Theaterstück. ◯

Politiker trank zu viel: Unfall mit 180 km/h! ◯

Schiedsrichter bekam Probleme mit Fans. ◯

WORTSCHATZ

Besondere Verben ändern im Präteritum den Vokal, zum Beispiel *finden – fand*. Wenn du ein Verb im Präteritum nicht verstehst, such das Wort im Wörterbuch. Dort findest du den Infinitiv, das Präteritum und das Partizip. Die besonderen Verben aus *Gute Idee!* A1+A2 findest du im Kursbuch A2.2 auf Seite 73.

13 Unterstreiche die richtige Zeitangabe. C2

a Sophie Scholl studierte 1942 | heute in München.

b Heute | 2023 besuchen viele Schülerinnen das Sophie-Scholl-Gymnasium in München.

c Das deutsche Fernsehen zeigt heute | vor einer Woche den Film „Die weiße Rose".

d Viele Menschen sahen den Film 1982 | nächsten Monat im Kino.

e 2005 | Nächstes Jahr kam der Film „Sophie Scholl – Die letzten Tage" ins Kino.

f „Die weiße Rose" bekam im Jahr 1983 | nächsten Sommer den Deutschen Filmpreis.

g Mehr als 14 Schulen in Deutschland tragen heute | in den letzten Jahren den Namen der Geschwister Scholl.

h Ein Platz in der Stadt Ulm bekam im Jahr 2006 | nächsten Herbst den Namen „Hans-und-Sophie-Scholl-Platz".

i An der Universität München gibt es seit 1968 | im Jahr 1985 das Geschwister-Scholl-Institut.

D HÖREN: ALLTAGSSPRACHE

14 Was weißt du noch? Ergänze die Sätze mit den richtigen Wörtern. D2 KB S. 13

Gab es damals schon ★ So etwas habe ich nicht ★ das heißt ★ Stell dir vor ★ denk an ★ ~~Das finde ich~~

Julia: **a** ...., meine Mutter hatte sogar ein Poster von ihm in ihrem Zimmer.

Anna: **b** .... Poster?

Julia: Ja, die 70er-Jahre waren doch nicht die Steinzeit, Anna.

...

Anna: Das finde ich ja so blöd!

Julia: Ja, aber **c** .... Laura in unserer Klasse, die will doch auch immer aussehen wie Heidi Klum, ihr Idol.

...

Julia: Wer ist denn dein Idol, Anna?

Anna: Idol? **d** ....

...

Anna: Und ihr Vater, **e** .... mein Urgroßvater, ist aus dem Krieg nicht mehr nach Hause gekommen.

15 Ergänze den Dialog mit den Redemitteln aus Übung 14. D2

Julian: Schau, das Heft ist mehr als vierzig Jahre alt.

Jakob: **a** .... Motorradmagazine?

Julian: Die 80er-Jahre waren doch nicht die Steinzeit, Jakob.

Jakob: Na ja, das Ding auf dem Foto sieht aber ziemlich alt aus.

Julian: Aber, **b** ...., mein Großvater hatte genau so ein Motorrad, **c** .... es war in Wirklichkeit ein Moped. Man konnte mit dem Ding nicht schneller als 50 km/h fahren.

Jakob: Übrigens, hast du auch Motorradmagazine?

Julian: Nein, **d** .... Mein Großvater hat Motorradhefte gesammelt, der ganze Schrank hier ist voll.

Jakob: **e** .... so cool.

Julian: Ich weiß nicht. Ich finde, das braucht alles nur viel Platz.

Jakob: Aber **f** .... Peter, der hat alle „Computer aktuell"-Hefte von 2013 bis heute, ich finde das super.

E GRAMMATIK | *obwohl* und *trotzdem*

16 **Schreib *obwohl*-Sätze und überlege dann: War das mutig oder dumm? Vergleicht und diskutiert in der Klasse.** E1

mutig (= ohne Angst)	dumm
b,	

a kann – sie – Obwohl – nicht gut schwimmen

Obwohl sie ....,
ist sie in den Fluss gesprungen und wollte ihren Hund retten.

b Auch Annas Großmutter wollte Medizin studieren und Ärztin werden,

haben – an der Universität – obwohl – nur Männer – Medizin studiert

obwohl ....

c sie selbst – Obwohl – war – verletzt

Obwohl sie ....,
hat sie nach dem Unfall zuerst anderen Personen geholfen.

d Er hat seinem Freund gegen vier Fußball-Hooligans geholfen,

die Hooligans – obwohl – viel stärker waren

....

e er – Obwohl – Skateboard gefahren – ist – noch nie

..............................,
hat er einen Skateboardtrick probiert und ist gestürzt.

f Christian trägt auch in der Schule oft seine Lederhose,

seinen Freunden – seine Tracht – obwohl – gefällt – überhaupt nicht

....

g darf – er – Obwohl – noch nicht – Motorrad fahren

..............................,
hat er seine Freundin mit dem Motorrad nach Hause gebracht.

17 **Ordne zu und schreib Sätze mit *obwohl*.** E1

~~regnen~~ ★ Hand gebrochen sein ★ nicht viele Haare haben ★ sehr müde sein ★ schlechte Noten haben ★ verboten sein ★ kein Geld haben ★ keine Karten haben

a Er möchte schwimmen gehen, obwohl es regnet.
b Sie möchte teure Schuhe kaufen, ...
c Er möchte Basketball spielen, ...
d Er möchte wie Tom Holland aussehen, ...
e Er will links abbiegen, ...
f Er möchte Medizin studieren, ...
g Sie möchten ins Rockkonzert gehen, ...
h Er möchte unbedingt die Serie weitersehen, ...

18 **Schreib die Sätze aus Übung 17 mit *trotzdem*.** E1

a Es regnet. Trotzdem möchte er schwimmen gehen.
b ....
c ....
d ....
e ....
f ....
g ....
h ....

19 **Er ist glücklich. – Sie ist traurig. Ergänze *er* oder *sie* in den *obwohl*-Sätzen und schreib dann zwei kurze Texte.** E2

a obwohl .... beim Biologietest keine Frage richtig hatte,
b obwohl die Sonne scheint,
c obwohl .... die Mathematikhausaufgabe vergessen hat,
d ~~Obwohl er zu spät in die Schule gekommen ist,~~
e obwohl alle in der Schule so nett waren,
f Obwohl .... heute Geburtstag hat,
g obwohl Nele ein wunderschönes Geschenk für .... hatte,
h obwohl .... mit Peter einen Streit hatte,
i obwohl Jakob .... am Kiosk zu einer Cola eingeladen hat,

Obwohl er zu spät in die Schule gekommen ist, und obwohl

....

ist er glücklich,
weil er am Nachmittag mit Lea ins Kino geht.

....

ist sie traurig,
weil Lukas noch immer nicht angerufen hat.

20 **Schreib einen ähnlichen Text wie in Übung 19 über dich.** E2

Obwohl ...

obwohl ...

obwohl ...

obwohl ...

...

...

bin ich heute glücklich / traurig / müde ... ,

weil ...

21 **Was passt? *Trotzdem* oder *deshalb*?** E2

> ***Weißt du's noch?*** S. 95
> - Sätze mit *deshalb* ...
> - Nebensätze

a Felix ist ein Brad-Pitt-Fan.
...... sieht er alle Brad-Pitt-Filme.
...... gefällt ihm sein letzter Film überhaupt nicht.

b Elena fährt sehr gern Rad.
...... möchte sie im Sommer ein Moped kaufen.
Sie fährt ...... fast nie mit dem Bus zur Schule.

c Tim spielt sehr gut Tennis.
...... hat er gegen Mara verloren.
...... hat er auch das Schulturnier gewonnen.

d Julia kann gut rechnen.
...... mag sie Mathematik.
Diese Rechnung kann sie ...... nicht lösen.

e Es regnet.
...... bleiben wir heute zu Hause.
Elena fährt ...... mit dem Rad zur Schule.

f Jan spielt gut Gitarre.
...... möchte er auch noch ein zweites Instrument lernen.
...... möchte er auch in der Schulband mitspielen.

> **GRAMMATIK**
>
> Wenn du sagen möchtest, warum etwas passiert, hast du verschiedene Möglichkeiten. Vergleiche:
>
> Ich bleibe zu Hause, Warum? → *weil* es regnet.
> Ich bleibe zu Hause, Warum? → *denn* es regnet.
> Ich bleibe zu Hause. Warum? → Es regnet *nämlich*.
> Es regnet. ← Warum? *Deshalb* bleibe ich zu Hause.

FERTIGKEITENTRAINING

22 LESEN **Du möchtest beim Erste-Hilfe-Tag mitmachen und liest das Programm. Lies die Aufgaben 1 – 5 und den Text. Welcher Workshop passt? Kreuze an.**

1 Wir grillen. Plötzlich brennt Jans Hose. Wie helfe ich?
- a Workshop B
- b Workshop C
- c anderer Workshop

2 Sofia hat eine Allergie. Sie bekommt Probleme bei Bienenstichen. Wie helfe ich?
- a Workshop D
- b Workshop E
- c anderer Workshop

3 Ein Unfall ist passiert, jemand hat den Krankenwagen gerufen. Wie helfe ich?
- a Workshop A
- b Workshop F
- c anderer Workshop

4 Paul ist beim Skaten gestürzt. Seine Wunde blutet sehr stark.
- a Workshop C
- b Workshop D
- c anderer Workshop

5 Die fünfjährige Anna hat eine kleine Wunde am Knie. Sie weint. Wie helfe ich?
- a Workshop A
- b Workshop E
- c anderer Workshop

www.realschule-kleefeld.de/erste-hilfe-tag

REALSCHULE KLEEFELD

Erste-Hilfe-Tag

Es kann ganz plötzlich passieren: Jemand fällt vom Fahrrad, stürzt beim Skateboard fahren oder verletzt sich im Haushalt. Wie kannst du helfen? Was kannst du tun? Das lernst du in unseren Workshops.

Komm auch du!

Workshop A
Hilfe bei kleinen Verletzungen, Wunden sauber machen, Pflaster und Verbände anlegen und einiges mehr … Das lernst du in unserem Workshop.

Workshop B
Was tun, wenn eine Wunde stark blutet? Das zeigen wir dir in diesem Workshop.

Workshop C
Feuer kann gefährlich werden. Wie du bei Brandwunden hilfst, erklären wir dir in unserem Workshop.

Workshop D
Auch kleine Tiere können gefährlich werden. Was kannst du tun, wenn eine Biene oder ein anderes Insekt dich sticht? Das lernst du in unserem Workshop.

Workshop E
Nasenbluten ist nicht immer ungefährlich! Weißt du, was du bei Nasenbluten machen solltest? Nein? Dann komm in unseren Workshop.

Workshop F
Der Krankenwagen braucht fünfzehn Minuten bis zur Unfallstelle. In dieser Zeit musst du dich um Verletzte kümmern. Wir zeigen dir, wie.

LESEN IN DER PRÜFUNG

Lies den Text einmal schnell durch. Danach solltest du die Situationen zum Text genau lesen. Welche Stelle im Text passt zu welcher Situation? Vergleiche die Textstellen und unterstreiche die Wörter, die zusammenpassen.
Zum Beispiel: *Feuer kann gefährlich werden.* → *Plötzlich brennt Jans Hose.*
Bei einigen Sätzen bist du 100% sicher, dass deine Lösung stimmt. Kreuze sie zuerst an. Schreib unbedingt zu jeder Aufgabe eine Lösung.

23 HÖREN **Du hörst fünf kurze Texte. Du hörst jeden Text zweimal. Kreuze die richtige Antwort a, b oder c an.** 05–09

1 Was hat Jan beim Erste-Hilfe-Tag gelernt?

a Wie man den Krankenwagen ruft.
b Wie lange man auf den Krankenwagen warten muss.
c Wie man bei einem schweren Unfall hilft.

2 Welche Verletzung hatte Emma? Sie ...

a hat das Bein gebrochen.
b hat den Arm gebrochen.
c hat im Helikopter ihren Arm verletzt.

3 Was sagt die Direktorin Frau Müller über den Erste-Hilfe-Tag? Sie ...

a findet, dass mehr Jugendliche kommen sollten.
b hat viel gelernt.
c möchte den Tag noch einmal machen.

4 Was hat Dr. Friebe am Erste-Hilfe-Tag gemacht? Er ...

a hatte einen Unfall.
b hat einen Workshop gehalten.
c hatte großes Interesse am Erste-Hilfe-Tag.

5 Wie hat Julian bei einem Unfall geholfen? Er ...

a hat ein Messer gebracht.
b hat einen Druckverband gemacht.
c hat ein Pflaster auf die Wunde getan.

24 SCHREIBEN **Deine Freundin Sarah hatte einen Unfall und liegt im Krankenhaus. Schreib eine Nachricht an sie.**

- Schreib, dass du von dem Unfall gehört hast.
- Frag, wie es ihr geht.
- Schreib, dass du sie besuchen willst.
- Nenn einen Tag und eine Uhrzeit.

Schreib 40 – 50 Wörter. Schreib zu allen vier Punkten.

Liebe Sarah,
ich habe gehört, dass ...
Jetzt bist du ...
Wie geht ...?
Ich möchte ...
Kann ich ...?
Gute Besserung und liebe Grüße
...

A1a	• Medaille, die, -n	
	stürzen	
	• Sturz, der, ⸚e	
	behindert	Barbara Aigner ist sehbehindert. Sie kann fast nichts sehen.
A1b	• Ski, der, -	
A1c	• Skifahrer, der, -	Skifahrer trainieren jeden Tag.
	• Skifahrerin, die -nen	
	beide	Veronika und Elisabeth sind Schwestern. Beide sind Skifahrerinnen.
	• Vorbild, das, -er	Mein großer Bruder ist ein Vorbild für mich. Ich möchte so werden wie er.
	• Idol, das, -e	Meine Idole sind Skifahrer und Skifahrerinnen.
	regelmäßig	= immer wieder
	hinunter	Sie fährt den Berg mit 130 km/h hinunter.
	rasen	= sehr schnell fahren
	enden	≠ anfangen, beginnen
	• Erfahrung, die, -en	Der Sturz war eine schlimme Erfahrung für die Skifahrerin.
	• Kontrolle, die *(Sg.)*	Sie verlor die Kontrolle über ihre Ski und stürzte.
	mehrere	Wo warst du? Ich habe mehrere Stunden auf dich gewartet.
	• Karriere, die, -n	Veronika macht eine tolle Karriere als Skifahrerin.
	dabei sein	○ Wer war bei der Feier dabei? ◆ Das ganze Team.
B1a	(sich) bewegen	Mein Bein ist gebrochen, ich kann es nicht bewegen.

B1a

Unfälle

• Unfall, der, ⸚e

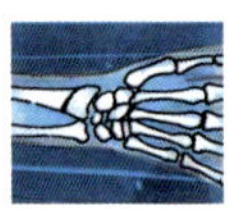
gebrochen sein

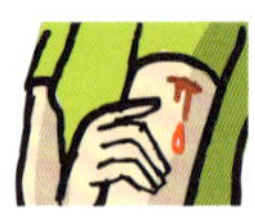
bluten

• Fieber, das *(Sg.)*

• Gips, der (Sg.)

• Verband, der, ⸚e

• Krankenwagen, der, -

• Pflaster, das, -

• Verletzung, die, -en

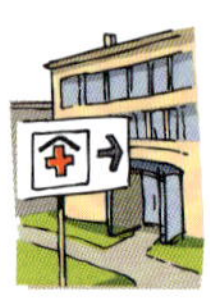
• Krankenhaus, das, ⸚er
• Spital, das, ⸚er *(A)*

operieren
• Operation, die, -en

B1b	brennen	....	
	• Grill, der, -s	....	
	grillen	....	Mein Vater grillt Würstchen und Gemüse.
	• Salbe, die, -n	....	
C2b	• Partei, die, -en	....	Bei Wahlen wählt man meistens politische Parteien.
C2c	• Philosophie, die *(Sg.)*	....	Philosophie ist ein Studienfach. Man kann es an der Universität studieren.
	• Professor, der, -en • Professorin, die, -nen	....	Professorinnen und Professoren unterrichten an Universitäten.
	• Mitleid, das *(Sg.)*	....	Sie hatte einen Unfall. Ich hatte Mitleid und habe ihr geholfen.
	diesmal	....	Letztes Mal hat meine Schwester das Spiel gewonnen. Diesmal gewinne ich!
C3	• Held, der, -en • Heldin, die -nen	....	Heldinnen und Helden haben etwas Tolles getan.
D1a	• Politiker, der, - • Politikerin, die, -nen	....	Mahatma Gandhi war ein indischer Politiker.
	• Freiheit, die *(Sg.)*	....	Mahatma Gandhi wollte, dass alle Menschen in Freiheit leben können.
D1c	• Frisur, die, -en	....	
D2c	einzig-	....	○ Waren viele Leute auf der Party? ◆ Nein, wir waren die einzigen Gäste.
	• Studium, das *(Sg.)*	....	Wenn man Ärztin werden möchte, muss man ein Studium an der Universität machen.
E1b	obwohl	....	Ich möchte Musikerin werden, obwohl ich kein Instrument spiele.
E2a	trotzdem	....	Ich bin müde. Trotzdem will ich noch nicht ins Bett gehen.
E2c	besichtigen	....	In der Altstadt gibt es viele Touristen. Sie möchten die Sehenswürdigkeiten besichtigen.
⊕1a	parken	....	○ Kann ich mein Auto hier parken? ◆ Nein, das ist kein Parkplatz.
	nämlich	....	Ich habe Angst vor dem Meer. Ich kann nämlich nicht schwimmen.

(Sg.) = Singular: Das Wort kommt nur im Singular vor.
(Pl.) = Plural: Das Wort kommt nur im Plural vor.
(A) = Austria: So sagt man das Wort in Österreich.
(CH) = Schweiz: So sagt man in der Schweiz.
weh·tun = Das Verb ist trennbar. → *Mein Kopf tut weh.*

20 Lasst mich doch erwachsen werden!

A TEXT

1 Was weißt du noch? Finde die neun Fehler im Text und korrigiere sie. A2 KB S. 17

In Japan feiert man das Fest „Seijin no Hi", das heißt „Tag der ~~Kinder~~ Erwachsenen". Die Mädchen und Jungen sollten an diesem Tag einen Kimono tragen. Weil diese traditionelle Kleidung sehr teuer ist, hat jedes Mädchen in Japan einen eigenen Kimono. Das Anziehen und Schminken dauert nicht lange und ist sehr anstrengend. Oft sind die Mädchen schon müde, wenn die Feier beginnt.

Eine spezielle Mutprobe wartet auf die Jungen aus Pentecoste, wenn sie erwachsen werden. Die Väter schneiden im Wald Lianen für ihre Söhne. Dann gehen sie an den Strand. Dort müssen sie auf ein hohes Haus steigen und hinunterspringen. Der Sprung ist sehr gefährlich. Wenn die Liane zu kurz ist, stirbt der Junge vielleicht. Heute kennt man diesen Sport auch in Europa. Er heißt Basejumping.

B WORTSCHATZ UND GRAMMATIK | Sportarten · Ortsadverbien · reflexive Verben

2 Wie heißt die Sportart? B1

Eishockey

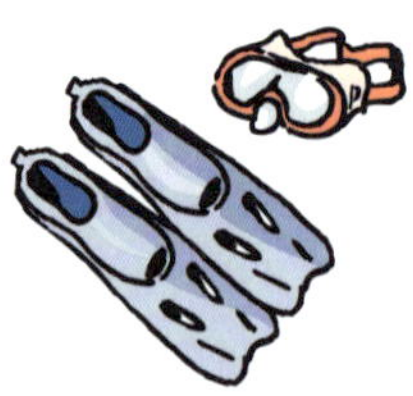

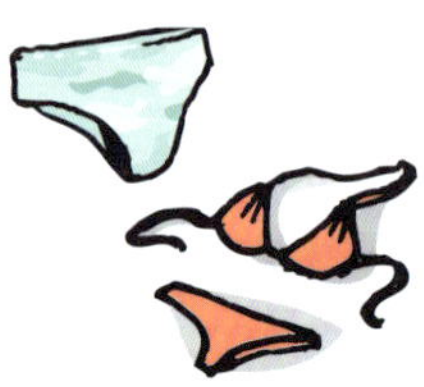

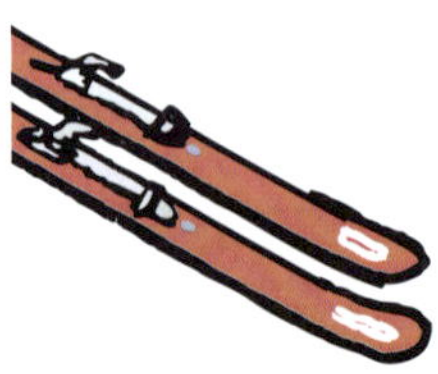

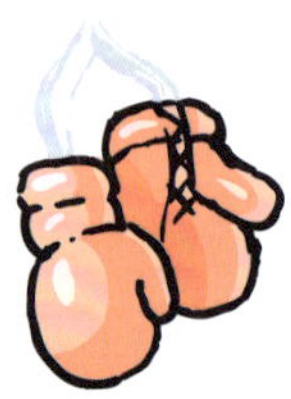

3 **Ergänze die Wörter und schreib sie dann ins Bild.** B1

Wo? drinnen … auß … … b … … u … … … … … in … … … vo … … … h … … r d … … t … ec … … … … … … ks

Wohin? … … … au … … … … un … … … h … … ei … … … … … us

4 **Ergänze die Dialoge mit dem Gegenteil der roten Wörter.** B1

a ○ Müssen wir hier nach **links**?
◆ Nein, der Bahnhof ist … .

b ○ Wir gehen spazieren, kommst du mit?
◆ Nein, … ist es zu kalt, ich bleibe hier **drinnen**.

c ○ Ich glaube, wir müssen hier … .
◆ Bist du sicher? Wenn das nicht stimmt, müssen wir den Berg wieder **hinauf**.

d ○ Schau Stockbetten, möchtest du lieber **oben** oder … schlafen?

e ○ Komm schnell, unser Zug wartet schon.
◆ Steigen wir **vorne** oder … ein?

f ○ Deine Katze will wieder ins Haus **hinein**.
◆ Ja, ich weiß. Vor zwei Minuten wollte sie unbedingt … .

g ○ Entschuldigen Sie bitte, ist das **hier** nicht Altbach?
◆ Nein, Altbach liegt … … .

5 **Ergänze die Wörter und schreib Sätze aus Sportreportagen. Lies deine Sätze in der Klasse vor. Die anderen raten die Sportart.** B1

a 
„Vo … … … läuft / schwimmt / fährt …
Hi … … … … kommt … . Wer ist am Ende schneller?"

b 
Die Spielerin darf wieder hi … … … … / muss … … naus … .
Die Schiedsrichterin … / Die Trainerin … .

c 
Der Ball ... ist … … auß … … … .
Im Spiel steht es … . Das Spiel dauert noch … .

d 
Hier geht es nach … … … … un … … … .
Vo … … … … .

e 
Er liegt u … t … … . Sein Gegner … .

6 **Ergänze zuerst die Tabelle und dann die Sätze a–e.** B2

ich	entspanne	mich
du	entspannst	
er, es, sie, man	entspannt	!
wir	entspannen	
ihr	entspannt	
sie, Sie	entspannen	!

a Christina .... am Pool.

b ○ Wir .... am besten vor dem Fernseher.

◆ Nein, ihr .... am besten, wenn ihr jetzt ins Bett geht.

c Caroline und Klaus .... am Wochenende in ihrem Ferienhaus am Meer.

d ○ Wo .... Sie .... am besten, Frau Müller?

◆ In der Badewanne.

e ○ Und wie .... du .... am besten?

◆ Ich .... am besten ....

WORTSCHATZ

Einige Verben sind „echte" reflexive Verben. Sie müssen immer ein Reflexivpronomen bekommen. **Zum Beispiel:** *sich konzentrieren*
Viele Verben können reflexiv sein. **Zum Beispiel:** *sich waschen*
Ergänze diese Information bei den Verben in deinem Wortschatzheft.

Zum Beispiel so: (sich) konzentrieren, waschen (auch: sich waschen)

7 **Was passt? Ordne zu.** B2

(A) Er wäscht das Auto. ★ (B) Er schminkt sie. ★ (C) Er rasiert ihn. ★
(D) Sie schminkt sich. ★ (E) Er rasiert sich. ★ (F) Er wäscht sich.

1 ◌

2 ◌

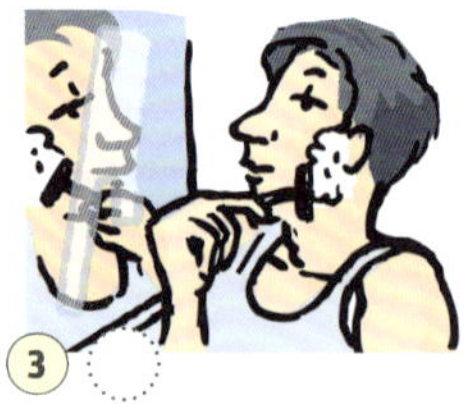
3 ◌

4 ◌

5 ◌

6 ◌

8 **Was machen die Personen? Hör zu und kreuze an.** B2 10

a	◯ Yvonne badet ihre Schwester.	◯ Yvonne badet sich.
b	◯ Lukas zieht sich an.	◯ Lukas zieht seinen Bruder an.
c	◯ Ali hat sich verletzt.	◯ Ali hat einen Freund verletzt.
d	◯ Tina muss sich waschen.	◯ Tina muss Wäsche waschen.
e	◯ Dennis ärgert sich.	◯ Dennis ärgert den Englischlehrer.

9 **Ordne zu und schreib die Imperative mit den richtigen Pronomen.** B2

sich konzentrieren ★ sich vorbereiten ★ sich ausruhen ★ sich verletzen ★ sich anziehen ★ ~~sich freuen~~

a ○ Ich habe eine Zwei im Geschichte-Test.
◆ Dann freu dich doch, das ist gut!

b ○ Ich schaffe diese Rechnung nicht!
◆ ________ ________ doch, dann schaffst du sie ganz sicher.

c ○ Ich bin noch nie geskatet. Aber ich probiere es jetzt aus.
◆ ________ ________ nicht, skaten ist wirklich gefährlich.

d ○ Wir sind so müde.
◆ Dann ________ ________ doch ein wenig aus.

e ○ Ich glaube, es ist heute sehr kalt draußen.
◆ Ja, ________ ________ warm an. Und nimm deine Jacke mit.

f ○ Nächste Woche haben wir unsere Abschlussprüfung.
◆ Dann ________ ________ gut vor, die Prüfung ist schwierig.

C GRAMMATIK | *lassen, sollten*

10 **Ergänze *lassen* in der richtigen Form. Wer denkt oder spricht?** C1

a Ich lasse Petras Katze nicht in unserem Garten spielen. (1)
b Er ________ uns am Sonntag nie lange schlafen. ◯
c Sie ________ mich Prüfungen in der Hundeschule machen. ◯
d Sie ________ mich nicht in ihrem Bett schlafen. ◯
e Er ________ sich nicht baden. ◯
f Sie ________ mich immer vor dem Supermarkt im Auto warten. ◯
g Wir ________ ihn oft im Park frei herumlaufen. ◯

1

2

11 **Ergänze *dürfen* in der richtigen Form.** C1

Weißt du's noch? S. 94
Modalverben

a Ich .... am Samstag in den Club gehen.

b Linda .... Toms T-Shirts tragen.

c Wir .... im Unterricht nicht essen.

d Leonie und Chiara .... am Wochenende bei Leonie eine Party geben.

e Ihr .... auf meinem Computer eine E-Mail schreiben.

f Meine Mutter .... nächste Woche drei Tage freinehmen.

12 **Wer erlaubt das? Wer verbietet das? Ordne die Personen den Sätzen in Übung 11 zu. Schreib Sätze mit *lassen*.** C1

~~Meine Eltern~~ ★ Leonies Eltern ★ Unsere Lehrer ★ Die Chefin ★ Ich ★ Tom ★

a Meine Eltern lassen mich am Samstag in den Club gehen.

b ....

c ....

d ....

e ....

f ....

13 **Sag es anders.** C1

a Ich darf nach Mitternacht keine Musik hören. Meine Eltern verbieten das.
Meine Eltern lassen mich nach Mitternacht keine Musik hören.

b Martina sieht am Freitagabend immer Serien. Ihre Eltern erlauben das.
....

c Mein Bruder darf meinen Laptop nicht benutzen. Ich erlaube das nicht.
....

d Meine Schwester fährt manchmal mit meinem Fahrrad. Ich finde das okay.
....

e Wir dürfen im Unterricht keine Handys benutzen. Unsere Lehrer verbieten das.
....

f Ich darf manchmal mit unserem Auto fahren. Mein Vater erlaubt das.
....

14 Schreib Sätze mit *dürfen* oder *lassen*. C1

a Jugendliche unter 18 – den Film sehen

b Meine Eltern – zum Rockkonzert gehen – am Samstag
Meine Eltern lassen mich am Samstag zum Rockkonzert gehen.

c Wir – Museum – Fotos machen

d Mein Vater – Fußball spielen – im Garten

e Meine Eltern – meine kleine Schwester – in ihrem Bett schlafen – manchmal

f Der Kontrolleur – ohne Fahrschein mit dem Bus fahren – den Jugendlichen

15 Ergänze die Tabelle mit dem Konjunktiv von *sollen* und gib Ratschläge für diese Probleme. C2

zum Arzt gehen ★ keine teuren T-Shirts kaufen ★ früher ins Bett gehen ★ ~~Süßigkeiten essen~~ ★ Biologie lernen ★ ihre Freunde einladen ★ seinen Lehrer fragen

ich	sollte
du	
er, es, sie, man	
wir	
ihr	
sie, Sie	

a Jan hat schlechte Zähne. Er sollte nicht so viele Süßigkeiten essen.

b Jonas hat nicht viel Geld.

c Jana ist am Morgen immer müde.

d Tim versteht die Hausaufgabe nicht.

e Lena hat starke Halsschmerzen.

f Mario und Kevin haben morgen einen Test.

g Marie will nicht alleine Geburtstag feiern.

16 **Was sollte man tun oder nicht mehr tun, wenn man erwachsen ist? Was meinst du? Schreib die Fragen und antworte. Ergänze noch zwei Fragen.** C2

a nicht mehr lesen – sollte – man – Welche Bücher || , wenn man erwachsen ist?

Welche Bücher sollte man nicht mehr lesen, wenn man erwachsen ist?

Man sollte nicht mehr Harry Potter, ...

b verdienen – man – sollte – sein erstes Geld – Wann?

c sollte – man – Welche Spiele – nicht mehr spielen || , wenn man erwachsen ist?

d sollte – eigene Kinder haben – man – Wann – ?

e Wie alt – man – sein – sollte || , wenn man heiratet?

f bei den Eltern wohnen – sollte – man – Wie lange – ?

g man – sollte – Wann – seinen Führerschein machen – ?

h wählen dürfen – Wann – sollte – man – ?

i

j

AUSSPRACHE | *f–v–b–w*

17 **Du hörst immer *f*. Was schreibst du? Ergänze, hör zu und sprich nach.** 11

◯reuen	◯orsichtig	◯erwandte	◯euer	◯erabredet
◯orbild	◯erkäu◯er	◯erkehr	◯erband	◯alsch
tre◯◯en	positi◯	◯reundlich	◯ierzig	◯erbieten

18 **Was hörst du? Unterstreiche.** 12

Welle – Bälle	Bahn – Wahn	Würste – Bürste	Wand – Band
Bild – wild	wetten – Betten	bald – Wald	Westen – besten

19 **Ergänze die Sätze mit Wörtern aus Übung 18. Hör zu und sprich nach.** 13

a ○ Wohin wollen wir? ◆ Am ………… st ………… fahren wir nach ………… ten.

b Wir wollen bitte keine ………… ld ………… über den ………… tt ………… .

c Wie weit ist es bis zum Babenberger ………… ld?

d Wir wetten, die ………… el ………… sind viel zu ………… i ………… für die Windsurfer.

D HÖREN: ALLTAGSSPRACHE

20 **Was weißt du noch? Ordne zu.** D2 KB S. 21

Mia und Lilli …	von der Sieben-Meter-Plattform.
Auf dem 10-Meter-Turm …	Lilli Mias Computerspiel ausleihen.
Lilli glaubt nicht, …	sind im Schwimmbad.
Mia …	dass Ben springt.
Wenn Ben springt, darf …	wettet mit Lilli.
Wenn Ben nicht springt, …	steht Ben.
Ben springt …	bekommt Mia Lillis neuen Rucksack für eine Woche.

21 **Hör noch einmal die Ausschnitte aus dem Dialog im Kursbuch und ordne zu.** D2 14

~~Tatsächlich?~~	vielleicht
nie …	so ein Angsthase
Du …	schlecht
der ist doch sonst …	im Leben
Ich wusste …	---
Gar nicht …	es

22 **Ergänze mit den Dialogteilen aus Übung 21.** D2

○ Möchtest du einmal mit einem Schlauchboot einen Wildbach hinunterfahren?

◆ Rafting meinst du? Nein, **a** ………………………………!

○ Ben hat das gemacht.

◆ Aber **b** ……………………………… .

○ Lukas wollte die Raftingtour machen und hat Ben gesagt, er soll mitmachen.

◆ **c** ……………………………… . Ben macht alles, was Lukas sagt. Und wie hat es ihm gefallen?

○ **d** ……………………………… .

◆ **e** Tatsächlich? Rafting! Ich brauche das wirklich nicht. **f** ………………………………?

○ Ich weiß nicht, vielleicht ist es ganz lustig.

E GRAMMATIK | *jemand, niemand* · Indefinitpronomen

23 **Ergänze zuerst die Tabelle und dann die Fragewörter im Dialog (a–f).** E1

Nominativ	Akkusativ	Dativ
	Wen?	
jemand		
		niemandem

- ○ Haben Sie mit wem? .... **a** jemandem gesprochen?
- ◆ Nein, mit .... **b** niemandem.
- ○ Haben Sie .... **c** jemand(en) gehört?
- ◆ Nein, ... **d** niemand(en).
- ○ War da überhaupt .... **e** jemand?
- ◆ Nein, da war .... **f** niemand.

24 **Ergänze *jemand* oder *niemand* in der richtigen Form.** E1

a ○ Wo ist der Bahnhof? ◆ Das weiß ich nicht. Fragen wir doch wen? jemand(en).
b Ich möchte gern mit wem? .... Tischtennis spielen. Hat wer? .... Lust?
c Bringst du wen? .... mit, oder kommst du alleine?
d Mein Buch ist weg. Wer? .... hat mein Buch genommen.
e Der Test ist heute? Oh Schreck, warum hat mir das wer? .... gesagt?
f ○ Wie war der Film? ◆ Langweilig, er hat wem? .... gefallen.
g ○ Wer ist das? ◆ Keine Ahnung, ich glaube, den kennt wer? .... hier.

25 **Graffiti im Kaufhaus. Ergänze noch einmal *jemand* oder *niemand* in der richtigen Form.** E1

- ○ Was haben Sie gestern um 23:00 Uhr gesehen?
- ◆ Da war .... im Kaufhaus.
- ○ Aber der Mann vom Sicherheitsdienst sagt, da war ....
- ◆ Ich habe aber sicher .... gesehen. Es war Licht im Kaufhaus.
- ○ Waren Sie alleine vor dem Kaufhaus oder waren Sie mit .... zusammen?
- ◆ Ich war mit .... zusammen, ich war alleine.
- ○ Wie viele Personen haben Sie gesehen?
- ◆ Zwei oder drei.
- ○ Können Sie .... beschreiben?
- ◆ Nein, ich kann .... beschreiben, es war zu dunkel.
- ○ Das ist schade. .... kann die Graffiti-Zeichner beschreiben.
- ◆ Aber .... hat diese Graffiti gemacht, und ich habe auch .... gesehen.
- ○ Aber Sie können ja auch .... beschreiben.
- ◆ Das stimmt.
- ○ Na sehen Sie: Das hilft uns auch nicht weiter.

26 Ergänze die Indefinitpronomen. E2

	Nominativ	Akkusativ
Singular	○ Schau, da ist ein Fallschirmspringer.	○ Siehst du die Fallschirmspringer?
	◆ Und da ist noch einer !	◆ Ja, einen sehe ich.
	○ Schau, da ist ein Schiff.	○ Siehst du das Schiff?
	◆ Und da ist noch ________ . !	◆ Ja, ________ sehe ich. !
	○ Schau, da ist eine Taucherin.	○ Siehst du die Taucherin?
	◆ Und da ist noch ________ .	◆ Ja, ________ sehe ich.
Plural	○ Schau, da sind Rafter auf dem Fluss.	○ Siehst du die Rafter?
	◆ Und da sind noch ________ .	◆ Ja, ich sehe ________ .

27 Was passt? Ergänze die richtigen Nomen und Indefinitpronomen. E2

Eier ★ ~~einen Kugelschreiber~~ ★ einen Koffer ★ eine Taschenlampe ★ ein E-Moped ★ einen Orangensaft

a ○ Ich muss ihre Adresse aufschreiben. Ich brauche einen Kugelschreiber .
◆ Schau, dort drüben liegt einer .

b ○ Ich möchte Kaiserschmarrn kochen. Haben wir ________ ?
◆ Ja, im Kühlschrank sind ________ .

c ○ Hast du schon einmal ________ gesehen?
◆ Ja klar. Schau, da drüben steht ________ .

d ○ Hier ist es so dunkel. Hat jemand ________ ?
◆ Ich glaube, auf dem Regal links liegt ________ .

e ○ Ich bin durstig. Könnte ich ________ trinken?
◆ Ja, natürlich, im Kühlschrank ist *(Nom.)* ________ .

f ○ Ich fahre morgen nach Italien. Ich brauche ________ .
◆ Ich habe *(Akk.)* ________ , den kannst du haben.

28 Freunde helfen gern … Ergänze die Pronomen. E2

○ Anna, kann ich die Jacke ausleihen?
◆ Warum denn? Deine liegt doch da drüben.
○ Könnte ich vielleicht den Rucksack ausleihen, Fabian?
■ Warum denn? Da drüben hängt doch ________ .
○ Kann ich mal das Mathematikbuch haben, Max?
▼ Warum denn? Da liegt ja ________ .
○ Lina, kann ich deine Tennisschuhe ausleihen?
◆ Warum denn? ________ sind doch noch o.k.

○ Kann ich kurz deinen Bleistift haben, Yannik?
● Warum denn? ________ liegt doch da drüben.
○ Könntest du mir deine Decke leihen, Sofia?
□ ________ liegt doch auf deinem Bett.
Nimm doch deine Sachen, Inga!
○ Ich habe gedacht, Freunde helfen gern …

FERTIGKEITENTRAINING

29 LESEN **Lies den Text und beantworte die beiden Fragen.**

Mit 15 geht's los ...

Mit 15 Jahren darfst du in Deutschland und Österreich mit einem Mofa (Motorfahrrad) oder einem E-Mofa (Elektromotorfahrrad) fahren. Dafür brauchst du aber eine Prüfung. Bei der Mofa-Prüfung musst du 20 Multiple-Choice-Fragen beantworten. Im Internet kannst du dich auf diese Fragen vorbereiten. Ein Mofa fährt maximal 25 km/h schnell. Wenn du schneller fahren willst, brauchst du ein Moped oder ein E-Moped. Dann bist du mit maximal 45 km/h unterwegs. Für das Moped brauchst du einen Führerschein. Die Führerschein-Prüfung ist natürlich schwieriger als die Mofa-Prüfung.

Wie schnell fährt ein ...

a Mofa oder E-Mofa?

b Moped oder E-Moped?

Was brauchst du, wenn du ...

c mit einem Mofa oder E-Mofa fahren willst?

d mit einem Moped oder E-Moped fahren willst?

30 LESEN **Bist du bereit? Dann lös die Aufgaben. Achtung! Manchmal sind mehrere Antworten richtig.**

1 Was bedeutet dieses Verkehrszeichen für dich?

- a Ich muss geradeaus weiterfahren.
- b Der Gegenverkehr muss warten.
- c Ich muss warten und darf nicht weiterfahren.
- d Ich darf weiterfahren.

2 Du kommst zu einem Zebrastreifen.

- a Wenn die Person mich sieht, darf ich weiterfahren.
- b Ich muss vor dem Zebrastreifen stehen bleiben.
- c Ich gebe der Person ein Zeichen und fahre dann schnell über den Zebrastreifen.
- d Wenn ich weniger als 5 Meter vom Zebrastreifen entfernt bin, darf ich schnell über den Zebrastreifen fahren.

3 Was bedeutet dieses Verkehrszeichen für dich?

- a Hier darf ich mit meinem Mofa nicht fahren.
- b Hier darf ich nur in eine Richtung fahren.
- c Hier dürfen keine Fußgänger gehen.
- d Hier dürfen keine Fahrzeuge fahren.

4 Du kommst zu einer Straße ohne Verkehrszeichen und möchtest geradeaus weiterfahren.
Von rechts kommt ein Auto. Es möchte auch geradeaus weiterfahren. Was bedeutet das für dich?

- a Ich muss stehen bleiben.
- b Das Auto muss stehen bleiben.
- c Ich darf nach rechts fahren, aber nicht geradeaus.
- d Das Auto darf weiterfahren.

5 Was bedeuten diese Zeichen für dich?

- (a) Ich darf nach links oder nach rechts fahren.
- (b) Ich muss warten. Wenn kein Auto kommt, darf ich nach rechts in den Kreisverkehr hineinfahren.
- (c) Die Autos im Kreisverkehr müssen warten.
- (d) Ich kann auf dieser Straße nicht weiterfahren und muss zurückfahren.

31 HÖREN Du hörst ein Interview. Du hörst den Text zweimal. Kreuze Ja oder Nein an. 🔊 15

Beispiel:	**Ja**	**Nein**
Anna geht es gut.	○	☒
a Anna muss eine Prüfung machen.	○	○
b Mathias findet die Prüfung schwierig.	○	○
c Die Prüfung ist in zwei Wochen.	○	○
d Anna hat noch nicht mit dem Lernen angefangen.	○	○
e Anna findet die Prüfungsfragen interessant.	○	○
f Mathias sagt, dass Anna die Prüfung nicht schafft.	○	○

32 SCHREIBEN Lies die Tipps und Lenas Text im Forum. Schreib eine Antwort.

TIPPS – RICHTIG LERNEN

Das solltest du tun:
- Zwei bis drei Wochen vor der Prüfung einen Lernplan machen.
- Dich in dieser Zeit auch entspannen und Spaß haben.
- Alles sehr oft wiederholen.
- Regelmäßig Pausen machen, vielleicht immer nach 45 Minuten.
- Dich in den Lernpausen bewegen, das macht dich munter.
- Deine Aktivitäten in der Woche gut planen. Zeit für das Lesen und Lernen planen.

Das solltest du nicht tun:
- In der Nacht vor der Prüfung viele Stunden lernen. Das macht dich nur müde.
- Lange ohne Pause lernen. Du vergisst die neuen Informationen dann viel zu schnell.
- Prüfungsangst haben. Wenn du zu nervös bist, kannst du nicht so gut lernen.

Lena88

Hallo zusammen! Mir geht's ☹ ☹. Ich habe in zwei Wochen meine Abschlussprüfung. Ich glaube, ich schaffe die Prüfung nicht. Hat jemand Tipps?
Lena 19:03

Hallo Lena, vielleicht solltest du ...
Ich habe gehört/gelesen, man sollte ...

Du solltest auf keinen Fall ...

Ich habe ...
Das hat mir geholfen. Vielleicht solltest du das auch probieren.
Viel Glück! 19:30

A1a	erwachsen		○ Wann ist man erwachsen? ◆ Ich finde, man ist mit 18 Jahren erwachsen.
A1b	(sich) rasieren		 
	(sich) schminken		
A1d	wählen • Wahl, die, -en		In Österreich darf man wählen, wenn man 16 Jahre alt ist.
A2a	anstrengend		Der Sportunterricht war sehr anstrengend. Wir sind viel gelaufen.
	springen • Sprung, der, ¨-e		Der Junge springt vom Zehn-Meter-Turm.
	• Turm, der, ¨-e		 In Paris steht ein berühmter Turm, der Eiffelturm.
A2b	(aus·)leihen		Ich habe meine Stifte vergessen. Kann ich mir einen Kugelschreiber von dir ausleihen?
	• Vorbereitung, die, -en		Die Vorbereitungen für das Fest dauern lange.
	(sich) fühlen		Ich fühle mich gar nicht gut, ich glaube, ich bekomme eine Erkältung.
	steigen		Wenn man auf den Turm steigt, kann man die ganze Stadt sehen.
A2d	normalerweise		Normalerweise fahre ich mit dem Fahrrad zur Schule. Aber heute nehme ich den Bus.
B1a	flach		≠ tief  
	klettern		Die Kinder klettern in einer Kletterwand.

B1c

Lokaladverbien

draußen ≠ drinnen

hinein ≠ hinaus

hinten ≠ vorne

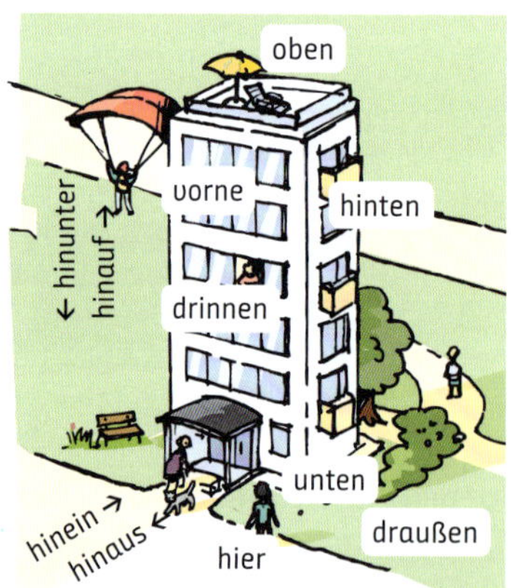

hinauf ≠ hinunter

unten ≠ oben

B1d	nötig		○ Brauchst du Hilfe? ◆ Nein danke. Das ist nicht nötig.
	begeistert		Die Mannschaft gewinnt. Die Fans sind begeistert.
	• Halle, die, -n		→ 
	• Publikum, das *(Sg.)*		= die Zuschauerinnen und Zuschauer

B2a + 3a Reflexive Verben

sich entspannen ≠ sich konzentrieren	(sich) ärgern ≠ sich freuen	(sich) bewegen ≠ sich aus·ruhen	sich streiten ≠ sich entschuldigen	(sich) verletzen

C1b	lassen • Festival, das, -s	Ich möchte unbedingt zum Musikfestival gehen. Aber meine Eltern lassen mich nicht fahren!
D1c	• Alkohol, der *(Sg.)*	In einem Bier ist Alkohol drinnen. 
D1a + D1b	wetten • Wette, die, -n	○ Ich wette mit dir, dass ich schneller laufen kann als du. ◆ Gut, die Wette gewinne ich sicher!
	leihen ≠ aus·leihen	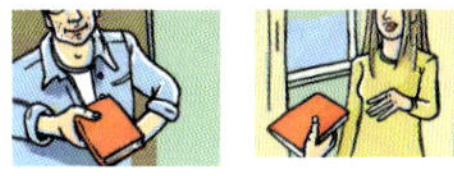
D2b	• Leiter, die, -n	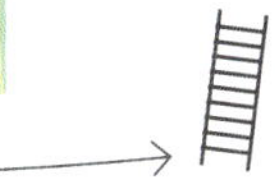
D2d	tatsächlich	= wirklich
E1a	tödlich	Es gab einen tödlichen Unfall. Jemand ist gestorben.
	wechseln	Mein T-Shirt ist schmutzig. Ich muss es wechseln.
E1b	• Dach, das, ¨-er	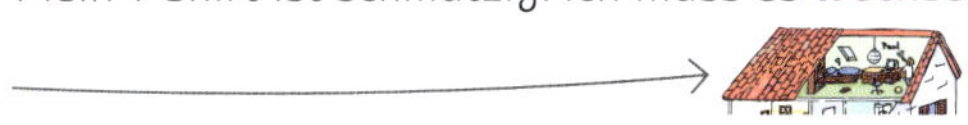
	beißen	Der Nachbarhund ist gefährlich. Er beißt.
	• Führerschein, der, -e	○ Kannst du Auto fahren? ◆ Nein, ich habe keinen Führerschein.
E2b	• Block, der, ¨-e • Decke, die, -n	
⊕1b	dorthin	○ Treffen wir uns bei mir? ◆ Ja, aber wie komme ich dorthin?
	hierher	Ich bin mit meiner Familie in Italien. Ich komme immer gern hierher.
	mit·nehmen	Wir nehmen unseren Hund in den Urlaub mit.
⊕2a	• Schloss, das, ¨-er	= ein Haus für Könige

19 + 20 | MODUL-PLUS

LL 1a	• Polizist, der, -en • Polizistin, die, -nen	Ein Polizist oder eine Polizistin arbeiten bei der Polizei.
	(sich) kümmern	Manchmal kümmere ich mich um meine kleine Schwester. Ich koche für sie und bringe sie ins Bett.
	• Rose, die, -n • Schild, das, -er	
	verlassen	Viele Menschen mussten ihr Heimatland verlassen, weil es Krieg gab.
P1a	rückwärts	Er geht nicht nach vorne, sondern rückwärts.
	• Loch, das, ¨-er	

TEST 19+20

PUNKTE

1 GRAMMATIK **Ergänze die unterstrichenen Verben im Präsens.** G

a Als Kind sah Lisa gern Zeichentrickfilme, heute sieht sie gern Krimiserien.

b Früher fand Marko Pop gut, seit einem Monat spielt er in einer Band und ________ Rock super.

c Beim letzten Marathon liefen Leandro und Noah ziemlich schnell, beim heutigen Rennen ________ sie viel langsamer.

d Heute ________ Mara nicht mehr so gern in die Schule, früher ging sie gern.

e Als Kind kaufte Kian wirkliche Bücher, heute ________ er Dateien für seinen E-Book-Reader. ____ von 4

2 GRAMMATIK **Ergänze die Sätze.**

~~Zeit für ihre Kinder haben~~ ★ große Angst haben ★ von zu Hause ausziehen wollen ★ einen schweren Unfall haben ★ noch viele Fans haben

a Idas Großmutter musste viel arbeiten, trotzdem hatte sie Zeit für ihre Kinder.

b Obwohl Moritz ________, trainiert er schon wieder für das nächste Rennen.

c Die Schauspielerin hat schon lange keinen Film mehr gedreht, trotzdem ________.

d Obwohl Lena ________, sprang sie vom 10-Meter-Turm.

e Alina ist mit der Schule noch nicht fertig. Trotzdem ________. ____ von 4

3 GRAMMATIK **Ergänze *obwohl*, *trotzdem*, *weil*, *wenn* oder *deshalb*.**

a Wenn man 18 Jahre alt ist, darf man in Deutschland wählen.

b Sie möchten wandern gehen, ________ das Wetter sehr schlecht ist.

c Sie konnte beim Fußballturnier nicht mitspielen, ________ sie krank war.

d Mein Vater muss jeden Tag zehn Stunden arbeiten, ________ liebt er seinen Beruf.

e Ist man erwachsen, ________ man Auto fahren darf?

f Pias Freund hatte beim Freiklettern einen Unfall. ________ mag sie keine Extremsportarten. ____ von 5

4 GRAMMATIK **Ergänze die richtigen Verben und Reflexivpronomen.**

~~sich entspannen~~ ★ sich ärgern ★ sich verletzen ★ sich streiten ★ sich fühlen ★ sich ausruhen

a Vor dem Rennen ist Mark nervös, er kann sich nicht entspannen.

b Wer ist der interessanteste Schauspieler? Malia und Nele ________ ________ gern über dieses Thema.

c Wir machen kein Rafting. Wir haben Angst, dass wir ________ ________.

d Wenn Ava sich schminkt, ________ sie ________ ein bisschen erwachsener.

e Die Mutprobe war dumm, ich ________ ________ noch heute darüber.

f Wir müssen noch eine halbe Stunde trainieren, dann könnt ihr ________ ________. ____ von 5

PUNKTE

5 GRAMMATIK **Ergänze die Pronomen.** G

a ○ Hast du meinen Kugelschreiber gesehen? ◆ Auf dem Tisch liegt *einer*, ist das *deiner*?

b ○ Hast du Toms Deutschbuch gesehen? ◆ Auf dem Tisch liegt ...., ist das ....?

c ○ Habt ihr Inas Ohrringe gefunden? ◆ Auf dem Bett liegen ...., sind das ....?

d ○ Wo ist meine Sporttasche? ◆ Unter dem Stuhl steht ...., ist das ....?

e ○ Habt ihr unsere Trinkflaschen gesehen? ◆ Dort drüben stehen .... Sind das ....? von 8

6 WORTSCHATZ **Ergänze die Sätze.** W

~~chenbroge~~ ★ terPflas ★ iGps ★ berFie ★ fallUn ★ testblu ★ beSal

Wenn das Bein **a** *gebrochen* ist, bekommt man meistens einen **b** .... Bei einer Brandwunde hilft oft eine **c** .... Nach einem **d** .... muss jemand einen Krankenwagen rufen. Wenn du stark **e** ...., brauchst du einen Verband. Wenn du hohes **f** .... hast, solltest du im Bett bleiben. Bei kleinen Verletzungen kann ein **g** .... helfen. von 6

7 WORTSCHATZ **Ergänze das Gegenteil von den unterstrichenen Wörtern.**

a *Draußen* ist es kalt, <u>drinnen</u> ist es gemütlich warm.

b Müssen wir hier nach .... oder nach <u>rechts</u>?

c Schau, hier gibt es Stockbetten. Möchtest du <u>oben</u> oder .... schlafen?

d Wo ist hier im Zug der Speisewagen, ... oder <u>hinten</u>?

e Muss die Katze ....? Ja, und der Hund will <u>hinein</u>.

f Gibt es .... eine Post? Nein aber <u>dort</u> drüber, hinter der Schule. von 5

8 ALLTAGSSPRACHE **Ergänze.** A

das heißt ★ tatsächlich ★ nie im Leben ★ du vielleicht ★ stell dir vor

a ○ Möchtest du einmal Bungee-Jumping machen? ◆ Nein, ...

b ○ ...., ich habe Christoph Waltz gesehen. ◆ Wer ist Christoph Waltz? ○ Ein Schauspieler.

c ○ Ben hat die Mofaprüfung geschafft. ◆ ....? Das habe ich nicht gedacht.

d ○ Meine Schwester hat eine eigene Wohnung. ...., ich habe jetzt unser Zimmer für mich allein.

e ○ Ich mag Horrorfilme. ◆ ...., ich nicht. von 5

G	W	A	Wie gut bist du schon?
22–26	10–11	5	Sehr gut!
15–21	7–9	3–4	Okay!
0–14	0–6	0–2	Na ja. Das übe ich noch.

Ein toller Film, eine tolle Serie!

21

A TEXT

1 Was weißt du noch?
Kreuze die richtigen Antworten an. A2 KB S. 29

a Markus ...
- ◯ hatte ein Puppentheater.
- ◯ ist Synchronsprecher.
- ◯ hat Theater gespielt.

b Markus muss seine Texte oft ... sprechen.
- ◯ ohne Vorbereitung
- ◯ ohne Regisseur
- ◯ ohne Stimme

c Am schwierigsten sind für Markus ...
- ◯ lange Arbeitstage im Studio.
- ◯ japanische Zeichentrickfilme.
- ◯ unfreundliche Regisseure.

d Markus spricht am liebsten die Stimmen von Zeichentrickfiguren, ...
- ◯ weil man da schreien muss.
- ◯ weil man kreativ sein kann.
- ◯ weil man für Zeichentrickfilme mehr Geld bekommt.

e Markus möchte die Stimme ... sein.
- ◯ von einem berühmten Schauspieler
- ◯ von einem berühmten Regisseur
- ◯ von einer berühmten Comicfigur

B WORTSCHATZ | Filme

2 Über welche Filme sprechen die Personen? Finde die Filmgenres und ergänze. B1

Der Sheriff hatte keine Chance.
Er war allein gegen die Carson-Brüder.

a W .... rn

Wir haben so gelacht, uns sind die Tränen gekommen, es war wirklich komisch.

b ...... o ...... die

Vicky hat den Film ja so toll gefunden, das Liebespaar und die Szene auf dem Schiff. Na ja ...

c ...... ie .... f ....

Die Kleider von damals waren total unpraktisch. Und die Frauen mussten mit diesen Röcken reiten, furchtbar!

d .... ü ... f ... lm

Dann war Dracula an Mirellas Fenster. Sie hat schon auf ihn gewartet ...

e ... orr ....

Schließlich haben die Außerirdischen aufgegeben und sind mit ihrem Raumschiff weggeflogen.

f ... cien ...... – F ...... t ....

Die Stunts waren echt toll, vor allem das Autorennen auf der Autobahn: wirklich super!

g .... – ... lm

Auch den Nachbarn hat man tot in seinem Haus gefunden. Für die Polizei war das alles ein Rätsel.

h .... ll ......

3 **Ergänze Sarahs Nachricht an ihre Freundin Mona.** B2

Handlung ★ Es geht um ★ Stuntaufnahmen ★ Filmmusik ★ spielt ★ Hauptrolle ★ Szene

Hallo Mona, ich war gestern mit Mark im Kino. Er wollte zuerst einen Action-Film sehen, aber es wurde dann doch „Nie wieder Berlin". Mark hat der Film nicht so gut gefallen, er mag keine Musikfilme, aber ich habe ihn toll gefunden. Der Film .... in Hamburg und die .... hat Klaus Buchauer. Er ist prima. Die .... ist ein bisschen kompliziert. .... eine Popgruppe. Die Sängerin hat Probleme mit einem Fan. Sie bekommt verrückte Nachrichten und Mails von ihm, und dann passieren auch einige seltsame Unfälle. Die .... hat mir wirklich sehr gut gefallen. Mark wollte mit mir gleich morgen wieder ins Kino gehen, aber das wollte ich nicht. So lange kenne ich ihn doch noch nicht. ;-) Die .... am Ende haben auch Mark gefallen. Die letzte .... war wirklich verrückt. Ich kann Dir nicht alles erzählen, Du musst den Film selbst sehen. Er läuft noch bis Freitag im City-Kino.

Bis bald

Sarah

4 **Wie war der Film? Lies Pauls Kommentar.**
Tausche die Sätze 1–6 gegen die Sätze a–f aus und schreib Helenas positive Kritik. B2

Kim

Hat jemand von euch „Ricardos Liebe" gesehen? Wie ist der Film?

Paul

(1) Ich bin fast eingeschlafen. (2) Die Handlung war kompliziert, unlogisch und langweilig. (3) Und auch der Schluss war seltsam. Ricardo trifft am Ende seine Mutter im Altersheim und sie sprechen über Ricardos Liebesprobleme. (4) Die Szene war wirklich peinlich. (5) Auch die Schauspieler waren schwach. (6) Bleib ruhig zu Hause, den Film musst du nicht sehen.

Helena

Also mir hat der Film gefallen! Der Film war total spannend.

....

....

....

....

- **a** Die Handlung war wirklich originell.
- **b** Die Szene war vielleicht ein bisschen sentimental, aber so romantisch.
- **c** Auch der Schluss hat mir sehr gut gefallen.
- **d** Den Film musst du unbedingt sehen.
- **e** Die Schauspieler waren prima.
- **f** ~~Der Film war total spannend.~~

C GRAMMATIK | Adjektivdeklination

5 **Lies die Aussagen zur Umfrage und unterstreiche die richtigen Formen. Wer streamt lieber (A)? Wer geht lieber ins Kino (B)? Wer mag beides (C)? Ergänze die Buchstaben.** C1

Kino oder Streaming?

- **a** Ich liebe die alt | alten Kinos, dort kann ich mich richtig gut entspannen. Jeden Donnerstag gibt es einen neuen | neue Film. — Nick ◯
- **b** Kinokarten sind einfach zu teuer | teure. Filme streamen ist viel billiger | billigere. Die Streaming-Plattformen haben ganz gute | gut Filme und Serien. Ein Wochenende mit tollen | toll Serien und gut | guten Freunden. Was kann schöner sein? — Kaya ◯
- **c** Der kleine | klein Fernsehapparat zu Hause ist mir zu wenig | wenige. Für einen gut | guten Kinofilm brauche ich auch ein groß | großes Kino. — Jonas ◯
- **d** Eine gemütlich | gemütliche Streaming-Party am Wochenende ist einfach cool | coole. Auf meinem neuen | neu Laptop finde ich immer spannend | spannende Serien oder Filme. — Lisa ◯
- **e** Das groß | große Kino im neuen | neu Einkaufszentrum ist wirklich fantastisch | fantastische, und im Kinocafé haben sie wunderbar | wunderbare Milchmixgetränke. — Marie ◯
- **f** Streaming oder Kino ist mir egal. Ein gut | guter Film muss es sein. Ich mag keine laut | lauten Action-Filme, auch nicht im Kino. — Felix ◯

6 **Unterstreiche die Singularformen (Adjektiv + Nomen) in Übung 5. Schreib die passenden Beispiele aus dem Text in die Tabelle und ergänze die richtigen Endungen.** C1

Adjektivendungen Singular			Beispiel
Hauptregel:	roten	+ Nomen	einen neuen Film
Singularregel 1: nach • der, das, die, eine	rot.....	+ Nomen	
Singularregel 2: nach • ein	rot.....	+ Nomen	
nach • ein	rot.....	+ Nomen	

7 **Beim Streaming mit Freunden (S) oder im Kino (K). Was sagt man wo? Ergänze die richtigen Endungen und den Ort.** C1

a Eine billig..... Karte ganz vorne, bitte. ◯
b Welche Plattform streamt den neu..... James-Bond-Film? ◯
c Wer möchte noch eine Folge von „Die lang..... Reise zu dir" sehen? ◯
d Platz 12, Reihe neun. Ich glaube, das ist ein gut..... Platz. ◯
e Eine groß..... Tüte Popcorn, bitte. ◯
f Wir haben leider Probleme mit dem neu..... WLAN. ◯
g Wann beginnt „Ein weit..... Weg nach Afrika"? ◯
h Können wir am nächst..... Wochenende wiederkommen? ◯

8 **In welchem Filmberuf gibt es welche Probleme? Ordne zu, ergänze die Adjektivendungen und schreib Sätze.** C1

Kameramann	ein kompliziert..... Schauspieler
Regisseur	eine seltsam..... Geschichte
Drehbuchautorin	eine sehr schwere Kamera
Maskenbildner	ein zu laut..... Musikstück
Stuntwoman	eine sehr hoh..... Männerstimme
Sounddesigner	ein hässlich..... Gesicht
Beleuchterin	ein gefährlich..... Sprung
Synchronsprecher	eine zu dunkl..... Szene

a Der Kameramann hat ein Problem mit einer sehr schweren Kamera.
b Der Regisseur hat ein Problem mit einem ....
c Die Drehbuchautorin hat ein Problem ....
d ....
e ....
f ....
g ....
h ....

9 **Ein Filmprojekt. Ergänze die Tabelle und den Text. Wer spielt welche Rolle? Ergänze.** C1

Rolle	Kleidung	Schauspieler, Schauspielerin
Rick, ein alter Tischler	eine braune Hose, ein alt..... Mantel, ein blau..... Pullover	Felix
Mirella, eine attraktiv..... jung..... Frau	ein weiß..... Kleid	
Sebastian, ein jung..... Punk	eine alt..... Hose, ein kaputt..... T-Shirt	
Dr. Bachmann, ein reich..... Bankkaufmann	eine elegant..... Jacke, eine dunkl..... Hose	
Ines Bachmann, Dr. Bachmanns Ehefrau, sie ist sehr krank.....	eine grün..... Bluse, ein dunkelgrün..... Rock	

a Maskenbildnerin: Felix, du spielst einen alt..... Mann. Das cool..... T-Shirt passt da sicher nicht, du brauchst die braun*ne* *Hose*, den blau..... .... und den .... hier, das passt besser.

b Du brauchst eine cool..... Punkfrisur, Tom, und dann brauchst du eine .... und ein .... Hast du so etwas?

c Du spielst eine elegan..... Frau, Sophie. Vielleicht passt die grün..... .... hier und der .... Ines ist eine sehr krank..... Frau. Ich denke, wir müssen dich noch schminken.

d Lukas, du spielst einen reich..... Mann. Da brauchst du dann auch noch eine .... Jacke. Die kaputten Jeans passen natürlich nicht, nimm die .... hier.

e Willst du in dem dunkl..... Rock und der hell..... Bluse spielen, Larissa? Ich habe da ein ganz einfach....., weiß..... .... Ich denke, das passt besser.

10 **Unterstreiche nun die Pluralformen (Adjektiv + Nomen) in Übung 5. Schreib Beispiele in die Tabelle und ergänze die richtigen Endungen.** C1

Adjektivendungen Plural			Beispiel
Hauptregel:	rot.....	+ Nomen	die alten Kinos
Pluralregel 1: ohne Artikelwort im Nominativ und Akkusativ	rot.....	+ Nomen	

11 **Seltsame Filmschauplätze. Was passt nicht? Schreib Sätze wie im Beispiel.** C1

a Stadt: Autos *(viel)*, Geschäfte *(klein)*, Kaufhäuser *(groß)*, Parks *(ruhig)*, Kühe *(braun)*

In einer Stadt gibt es viele Autos, kleine Geschäfte, …

aber normalerweise gibt es dort keine braunen Kühe.

b Strand: Boote *(klein)*, Bahnhöfe *(laut)*, Muscheln *(schön)*, Ferienhäuser *(gemütlich)*

An einem Strand gibt es

c Bauernhof: Katzen *(klein)*, Schweine *(dick)*, Flugzeuge *(modern)*, Pferde *(schnell)*, Felder *(groß)*

Auf einem Bauernhof gibt es

d Wald: Bäume *(hoch)*, Tiere *(verschieden)*, Clubs *(laut)*, Pflanzen *(interessant)*, Jäger *(vorsichtig)*

In einem Wald gibt es

e Bahnhof: Touristen *(zufrieden)*, Flüsse *(breit)*, Züge *(schnell)*, Fahrkartenautomaten *(praktisch)*, Koffer *(schwer)*

12 **Lies die Anzeige für die Streaming-Plattform und ergänze die Adjektivendungen.** C2

www.filmticket-streaming.de

Filmticket – deine Streaming-Plattform!

Wir sind die beliebtest...... Streaming-Plattform für Streaming-Einsteiger.

Suchst du eine romantisch...... Liebeskomödie, einen spannend...... Thriller oder eine aufregend...... Horrorserie? Bei uns findest du alles schneller und leichter als auf ander...... Plattformen. Und das auch noch zum günstigst...... Preis im Netz. Filme und Serien von den best...... Regisseuren, mit den best...... Schauspielern und mit den spannendst...... Geschichten warten auf dich.

Natürlich kannst du dein Abo mit der ganz...... Familie teilen und auch deine best...... Freunde einladen. Die erst...... drei Monate sind gratis. Danach zahlst du den günstig...... Einsteigerpreis.

Probiere Filmticket aus und freu dich auf wunderbar...... Stunden mit deinen Liebingsfilmen und -serien!

AUSSPRACHE | Wortakzent

13 **Ergänze die Endungen. Welcher Filmtitel passt zu welchem Film?**

A Gefahr aus dem Weltraum **B** Ein tödlicher Fehler

○	○
Ein blutig…… Messer	Eine modern…… Raumstation
Eine tot…… jung…… Frau	Ein alt…… kaputt…… Raumschiff
Rätselhaft…… Telefonanrufe	Gefährlich…… Experimente
Ein verrückt…… Psychiater	Rot…… und gelb…… Monde
Ein alt…… müd…… Polizist	Feindlich…… Außerirdische mit klein…… schnell…… Ufos
Eine dunkl…… eng…… Gasse in einer groß…… Stadt	Ein mutig…… jung…… Offizier aus einer klein…… Stadt

14 **Lies die Filmtitel in Übung 13 laut. Hör dann zu und sprich nach. Achte auf die Betonung und den Rhythmus.** 16

AUSSPRACHE

Es ist sehr wichtig, dass du deutsche Wörter richtig betonst. Es kann sein, dass dich deine Gesprächspartner sonst nicht verstehen. Wenn du lange und schwierige deutsche Wörter in dein Wortschatzheft schreibst, markiere deshalb den Wortakzent. Du kannst die betonte Silbe unterstreichen oder mit einem Zeichen markieren.

Zum Beispiel: Polizist, Poli'zist, Polizist

D HÖREN: ALLTAGSSPRACHE

15 **Was weißt du noch? Richtig oder falsch? Korrigiere die falschen Sätze.** D1 KB S. 33

		richtig	falsch
a	Elias ~~möchte auf dem Schulball tanzen.~~ weiß noch nicht, ob er zum Schulball kommt.	○	☒
b	Marie findet Elias Videos gut.	○	○
c	Elias soll einen Horrorfilm drehen.	○	○
d	Marie soll im Film die Mathematiklehrerin spielen.	○	○
e	Die Schlussszene soll in der Sporthalle stattfinden.	○	○
f	Elias will den Film drehen.	○	○

16 **Ordne zu und ergänze den Dialog.** D1

Warum ...	bei der Gitarre.
Ich sage dir ...	sagen alle.
Bleiben wir lieber ...	von nichts.
Das ...	ich?
Ich weiß ...	nicht so bitten.
Lass dich ...	morgen Bescheid.

David: Hallo Nick. Weißt du schon, dass du in unserer Band mitspielen sollst?

Nick: **a** ....

Mit mir hat niemand gesprochen.

David: Aber wir brauchen noch einen Gitarristen.

Nick: **b** Warum ich?

David: Du bist der beste.

c ....

Nick: Ach, ich weiß nicht.

David: **d** ....

Du könntest auch singen, wenn du das lieber möchtest.

Nick: **e** ....

David Und? Machst du mit?

Nick: Ich weiß nicht.

f ....

E GRAMMATIK | Konjunktiv II (Wünsche)

17 **Ergänze die richtigen Formen.** E1

Konjunktiv II (Wünsche)

	sein		haben		spielen ...	
ich, er, es, sie, man	wäre	gern		gern	würde	gern spielen
du		gern		gern		gern spielen
wir, sie, Sie		gern		gern		gern spielen
ihr		gern		gern		gern spielen

18 **Max hat viele Wünsche. Lies die Sätze und unterstreiche die richtigen Formen.** E1

a Max wäre | würde | hätte lieber allein und nicht mit seinem Bruder in einem Zimmer wohnen.

b Max hätte | wäre | würde lieber auf einer Insel im Pazifik leben als in einem Hochhaus in Frankfurt.

c Max würde | hätte | wäre gern mit dem Motorrad zur Schule fahren, deshalb wäre | würde | hätte er gern zwei Jahre älter.

d Max wäre | würde | hätte gern weniger Streit mit seinen Eltern, deshalb würde | hätte | wäre er gern besser in Mathematik.

e Max hätte | würde | wäre gern ein Musikinstrument spielen und in der Schulband mitmachen.

f Max würde | wäre | hätte gern ein Star in der Fußballmannschaft, dann würde | hätte | wäre Lara sicher gern mit ihm ins Kino gehen.

19 **Was weißt du nun über Max? Schreib alle Informationen auf.** E1

Max ist noch nicht 16 Jahre alt. Er lebt

20 **Was würden diese Jugendlichen auch gern so gut können wie ihre Vorbilder? Wie würden sie gern sein? Schreib ihre Wünsche.** E1

a Leons Tante malt wunderschöne Bilder. Leon würde auch gern so schöne Bilder malen.

b Jans Bruder spielt sehr gut Fußball. Jan würde auch gern

c Natalies große Schwester ist sehr beliebt.

d Ninas Vater ist sehr gut in Mathematik.

e Philipps Cousin ist ein toller Tennisspieler.

f Lauras Mutter hat eine wunderbare Stimme.

21 **Wer sind deine Vorbilder? Was würdest du auch gern gut können? Schreib sechs persönliche Sätze.** E1

Mein Bruder sehr gut . Ich würde auch gern so

22 **Welcher Wunsch passt zu welcher Person? Schreib zu jedem Bild einen Satz in der Ich-Form.** E1

einen Fahrschein haben ★ einen Geschirrspüler haben ★ größer sein ★ am Meer sein ★ ein Fahrrad haben ★ Fußball spielen

a Ich wäre gern ……………………

d ……………………

b ……………………

e ……………………

c ……………………

f ……………………

23 **Was haben Hanna und Leonie? Und was wünschen sie sich? Ordne zu.**
Hör dann den Dialog und schreib Sätze wie im Beispiel. E1 🔊 17

Realität	**Wünsche**
Katze	neues Handy
Star-Aufkleber haben	Zeitreise machen
Handy	in einem Baumhaus leben
Reise machen	Hund
schönes Zimmer haben	größer sein
einen Meter 80 groß sein	alle Harry-Styles-Sticker

a Hanna hat eine Katze, aber sie hätte gern ……………………

b ……………………

c ……………………

d ……………………

e ……………………

f ……………………

FERTIGKEITENTRAINING

24 LESEN **Du liest in einer Zeitung diesen Text. Lies den Text und kreuze die richtigen Aussagen an.**

Stunts im Minikleid

Der Fernsehturm in Düsseldorf ist 180 Meter hoch. Eine Frau steht ganz oben und schaut hinunter. Dann springt sie. Neun Sekunden lang dauert ihr Sprung. Ein Filmteam filmt alles mit. Die Frau heißt Tanja de Wendt. Sie ist Stuntfrau von Beruf. Fast achtzehn Monate lang hat sie sich auf diesen Sprung vorbereitet. „Das Wichtigste bei jedem Stunt ist die Planung und die Vorbereitung", sagt sie. „Manchmal braucht man da etwas mehr Zeit, manchmal etwas weniger." Nach der Schule war Tanja de Wendt Kellnerin. Doch der Beruf war ihr zu langweilig. „Ich brauche diese extremen Erfahrungen", meint sie. „Ich brauche das Spiel mit der Gefahr."

Und gefährlich sind alle ihre Stunts: Klettern, Stürzen, Fallen, Unfälle mit schnellen Autos oder auf schnellen Motorrädern. Das wollen die Zuschauer sehen. Es gibt nicht viele Stuntfrauen in Deutschland. Deshalb hat Tanja auch sehr viel Arbeit. Und der Job als Stuntfrau ist oft schwieriger als die Arbeit von Stuntmännern. „Die Männer können für ihre Stunts oft dicke Kleidung anziehen, da ist das Fallen kein Problem. Ich muss Stunts oft im kurzen Rock oder im Minikleid machen, da ist die Verletzungsgefahr schon viel größer", erklärt sie.

Auch die Regisseure und Drehbuchautoren sind meistens Männer, das findet Tanja schade. Deshalb arbeitet sie selbst an Filmprojekten. Sie findet, Actionfilme müssen auch eine gute Geschichte haben, sonst werden sie schnell zu langweilig für das Publikum. Und die Geschichten in ihren Filmen mag Tanja viel lieber als die Stunts.

Sie würde auch gern richtige Rollen spielen, nicht nur Stuntszenen. Deshalb hat sie Schauspielunterricht genommen und auch schon einige kleinere Rollen gespielt.

In Tanja de Wendt steckt eben auch eine sensible und kreative Künstlerin, sie ist nicht nur die harte Actionfrau ohne Angst und ohne Gefühle.

Dass Tanjas Arbeit extrem gefährlich ist, hat auch der Sprung in Düsseldorf gezeigt. Wenige Wochen nach Tanjas Stunt hat ein Stuntman in den USA denselben Sprung probiert. Die Vorbereitung war nicht so perfekt. Tanjas Kollege hat sich schwer verletzt und sitzt heute im Rollstuhl.

1 Im Text steht über Tanja de Wendt, ...

- a dass sie ihre Stunts immer sehr lange vorbereitet.
- b die meisten Stunts wenig Vorbereitung brauchen.
- c dass der Sprung vom Fernsehturm in Düsseldorf sehr gefährlich war.

2 Tanja de Wendt wollte nicht Kellnerin bleiben, ...

- a weil sie nicht viel Geld verdient hat.
- b weil die Arbeit schwierig war.
- c weil die Arbeit für sie nicht interessant war.

3 Der Job von Stuntfrauen ist oft schwieriger als der Job von Stuntmännern, ...

- a weil es nicht viele Stuntfrauen gibt.
- b weil Frauenkleidung die Arbeit oft gefährlicher macht.
- c weil Stuntfrauen sich öfter verletzen.

4 Tanja de Wendt findet, …

- (a) dass die Stunts in den Filmen wichtiger sind als die Geschichten.
- (b) dass Stuntmänner keine guten Schauspieler sind.
- (c) dass mehr Frauen Drehbücher für Action-Filme schreiben sollten.

5 Ein Stuntman in den USA hat sich bei Tanja de Wendts Sprung schwer verletzt, …

- (a) obwohl der Stunt nicht so gefährlich war.
- (b) obwohl er sehr viel trainiert hat.
- (c) weil er sich nicht so gut vorbereitet hat.

LESEN FÜR DIE PRÜFUNG

Wenn dich ein Thema interessiert, kannst du Texte und Informationen zu diesem Thema im Internet suchen. Du kannst zum Beispiel einen Filmtitel (z. B. „Ballon") in eine Suchmaschine eingeben. Wenn dich ein Thema interessiert, macht das Lesen in der Fremdsprache viel mehr Spaß. Auch dann, wenn du nicht alles verstehst. **Tipp:** Such deutsche Comics im Internet. Die Texte sind meist kurz und die Bilder sind eine gute Lesehilfe.

25 HÖREN **Hör das Gespräch. Welche Filme und Serien wollten Julias Freunde sehen? Wähle für die Aufgaben 1–5 ein passendes Bild a–i aus. Wähle jeden Buchstaben nur einmal.** 18

	Beispiel	1	2	3	4	5
Name	Lisa	Amina	Stefan	Emin	Sophia	Max
Genre	c					

a

b

c

d

e

f

g

h

i

26 SCHREIBEN **Schreib einen Beitrag für dein Schulforum.**

SCHUL-FORUM ***Unsere aktuelle Umfrage: Gemeinsam Filme sehen***

Welche Filme siehst du gern, welche Filme mögen deine Familienmitglieder und Freunde? Was seht ihr gemeinsam? Warum?

Ich streame gern Filme oder Serien mit …
Er / sie mag / mögen …
Ich liebe …, weil …
Für mich / uns muss ein Film / eine Serie eine gute Geschichte / gute Schauspieler … haben.
Die Filmmusik / Action / ein gutes Ende … ist / sind auch wichtig.
Außerdem …

	Wort		Beispiel
A1a	(sich) wünschen		○ Was wünschst du dir zum Geburtstag? ◆ Ich wünsche mir ein neues Handy.
	• Traum, der, ¨-e		Ich möchte Schauspieler werden. Das ist mein Traum.
	kaum		Der Film ist nicht sehr bekannt. Kaum jemand hat ihn gesehen.
	drehen		Wenn man einen Film dreht, müssen viele Berufe zusammenarbeiten.
	• Szene, die, -n		Der Film hat viele interessante Szenen.
	• Aufnahme, die, -n auf·nehmen		Die Aufnahmen für den Film waren toll, aber es war sehr anstrengend. Ich bin froh, dass er fertig ist.
	• Rolle, die, -n		Die Regisseurin erklärt den Schauspielern ihre Rollen im Film.
	• Regisseur, der, -e • Regisseurin, die, -nen		○ Weißt du, wer den Film „Avatar" gedreht hat? ◆ Ich glaube der Regisseur heißt James Cameron.
	• Synchronsprecher, der, - • Synchronsprecherin, die, -nen		Der Synchronsprecher ist die deutsche Stimme von Hollywoodstar Leonardo di Caprio.
A2a	• Stimme, die, -n		
	• Puppe, die, -n		Die Puppen in dem Puppentheater sind besonders schön. Alle sind mit der Hand gemacht!
	mit·spielen		In dem Film spielen viele berühmte Schauspielerinnen und Schauspieler mit.
	schreien		= sehr laut sprechen
	pausenlos		= ohne Pause
B1a	• Raupe, die, -n		
	real		Magst du lieber Zeichentrickfilme oder reale Filme?

B1b Filmgenres

• Thriller, der, -

• Komödie, die, -n

• Kostümfilm, der, -e

• Western, der, -

• Science-Fiction, der *(Sg.)*

• Liebesfilm, der, -e

• Horrorfilm, der, -e

• Action-Film, der, -e

	Wort		Beispiel
B2a	• Wissenschaft, die, -en		Physik, Chemie, Linguistik usw. sind Wissenschaften.
	• Verbot, das, -e		In der Schule darf man nicht rauchen. Es gibt ein Rauchverbot.

	Wort		Beispiel
B2c + B3a	aufregend		Ich sehe am liebsten aufregende Actionfilme.
	spannend		Ich mag spannende Thriller.
	hervorragend		Du musst den Film sehen – er ist hervorragend!
	romantisch		Ich finde Liebesfilme romantisch.
	sentimental		Meine Freundin findet sie zu sentimental.
Filmkritiken	• Handlung, die, -en		Der Film war super! Die Handlung war originell und die Schauspieler waren prima.
	prima		
	originell		
	historisch		Ich schaue am liebsten historische Filme, weil ich etwas über Geschichte lernen möchte.
	handeln von		Der Film handelt von zwei Jugendlichen.
	spielen		Er spielt in einer Großstadt.
	• Inhalt, der, -e		◆ Was ist der Inhalt vom Film „Die Mannschaft"?
	gehen um → es geht um		▼ In dem Film geht es um ein Fußballteam. Sie wollen die Meisterschaft gewinnen, aber…
	• Schluss, der *(Sg.)*		Der Film war okay, aber der Schluss war seltsam.
C1b	• Herz, das, -en		
	• Freundschaft, die, -en		Meine Freundin und ich haben Streit, trotzdem haben wir eine tolle Freundschaft.
	fremd		○ Fühlst du dich wohl in eurem neuen Haus? ◆ Nein, nicht so richtig, alles ist noch so fremd.
C2a	• Dame, die, -n		Meine Großmutter ist eine elegante alte Dame.
E1b	• Reihe, die, -n		
	besetzt		○ Kann ich hier sitzen? ◆ Tut mir leid, dieser Platz ist schon besetzt.
⊕1a	• Magazin, das, -e		○ Hast du das neue Kinomagazin? ◆ Ja, diese Woche kommen super Filme im City-Kino.
	• Staat, der, -en		Bis 1989 gab es fast 50 Jahre lang zwei deutsche Staaten.
	• Bundesrepublik Deutschland, die *(Sg.)*		= offizieller Name von Deutschland
	fliehen		Viele Menschen müssen aus ihrem Heimatland fliehen, weil sie dort nicht sicher sind.
	heimlich		= niemand darf es wissen
	• Versuch, der, -e		Beim ersten Versuch ist der Ballon nicht nach oben gestiegen, dann haben sie es noch einmal versucht und der Ballon ist nach oben gestartet und in die richtige Richtung geflogen.
	versuchen		
	starten		
	• Richtung, die, -en		
	dringend		Ich muss sofort mit dir sprechen, Es ist dringend!
	• Stoff, der, -e		○ Du hast eine schöne Jacke. ◆ Ja, ich habe Stoff gekauft und sie selbst gemacht.
	erfahren		○ Wie endet der Film? ◆ Das erfährst du, wenn du den Film siehst.
⊕1b	• Welle, die, -n		
	ändern		Der Mann im Film gewinnt viel Geld. Das ändert sein Leben. Plötzlich wird alles anders.

22 Intelligenz und Gedächtnis

A TEXT

1 Was weißt du noch? Ordne die Namen zu. A2 KB S. 37

1. Nadia
2. Matt Savage
3. Christopher
4. Howard Gardner
5. Chick Corea
6. Shakespeare und Goethe
7. Barack Obama und Buddha

a ◯ fand den siebenjährigen Matt einfach toll.
b ◯ konnte als Erwachsener sehr schlecht zeichnen.
c ◯ lernte in kürzester Zeit Klavier spielen.
d ◯ glaubt, dass es nicht nur eine Intelligenz gibt.
e ◯ sind Beispiele für Menschen mit hoher sprachlicher Intelligenz.
f ◯ konnte als kleines Kind sehr gut zeichnen.
g ◯ konnten sehr gut mit Menschen kommunizieren.

2 Welche Intelligenz brauchst du bei diesen Tätigkeiten? Verbinde Sätze und Bilder und ergänze dann. A2

a Ich tanze gern. .... Intelligenz
b Ich kann sehr schnell rechnen. .... Intelligenz
c Ich spiele in der Schulband Gitarre. .... Intelligenz
d Ich schreibe gute Texte. .... Intelligenz
e Ich zeichne sehr gut. .... Intelligenz
f Ich bin gern mit meinen Freunden zusammen. .... Intelligenz

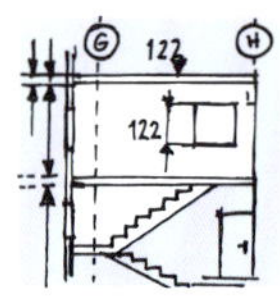

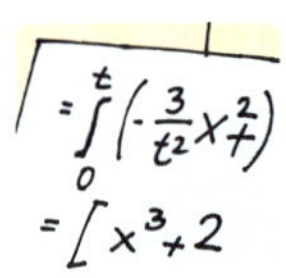

B GRAMMATIK | Zeitangaben

3 Lies die Texte und ergänze die richtigen Zeitangaben. Welche Intelligenzen sind in den Texten wichtig? B1

a jeden Tag ★ immer ★ nach der Stunde ★ ~~seit einem Jahr~~ ★ einige Tage ★ vor der Klavierstunde

Meine Schwester lernt *seit einem Jahr* Klavier spielen. Sie sollte .... üben, aber sie übt .... nur kurz .... setzt sie sich dann .... nicht ans Klavier. **Wichtig:** .... **Intelligenz**

b zuerst ★ am Ende ★ eine Woche ★ immer ★ ~~letzten Sommer~~ ★ oft

Letzten Sommer war ich .... in der Türkei. Ich habe meine türkische Freundin Afet besucht. Ihre Mutter kann kein Deutsch und hat mit mir .... Türkisch gesprochen. .... habe ich gar nichts verstanden, aber sie hat die Wörter .... wiederholt und .... konnte ich auch schon einige Wörter sagen. Es war richtig lustig! **Wichtig:** .... **Intelligenz**

c jetzt ★ jeden Freitag ★ ~~letzten Monat~~ ★ gestern ★ beim ersten Termin ★ dann ★ zuerst

Letzten Monat hat mein Tanzkurs begonnen. Die Tanzstunden sind .... Markus war nur .... da. .... ist er nicht mehr gekommen. Ich habe ihn .... angerufen, und er hat gemeint, er wollte .... schon tanzen lernen, aber .... interessiert ihn der Tanzkurs nicht mehr. **Wichtig:** .... **Intelligenz**

4 **Was kommt *zuerst* (1), *dann* (2), *zuletzt* (3)? Ordne die Wörter.** B1

- **a** (2) nächsten Monat (1) nächste Woche (3) nächstes Jahr
- **b** ( ) diesen Mittwoch ( ) diesen Freitag ( ) letztes Wochenende
- **c** ( ) diese Woche ( ) vor einer Woche ( ) in einer Woche
- **d** ( ) schließlich ( ) später ( ) zuerst
- **e** ( ) heute ( ) früher ( ) übermorgen
- **f** ( ) am Mittag ( ) um 10 Uhr morgens ( ) abends
- **g** ( ) seit einer Stunde ( ) im nächsten Moment ( ) jetzt
- **h** ( ) im Mai ( ) am fünften Vierten ( ) vom ersten Vierten bis zum vierten Vierten

5 **Sortiere die Zeitangaben aus Übung 4.** B1

mit Präposition	mit Akkusativ	als Adverb
vor einer Woche	diesen Mittwoch	jetzt

6 **Was passt? Ergänze den Akkusativ von *dies-*, *letzt-* oder *nächst-*.** B1

- **a** ○ Ist das Konzert übermorgen? ◆ Ja, es ist .... Freitag.
- **b** ○ Kommst du diese Woche zu mir? ◆ Das geht leider nicht, aber .... Woche kann ich.
- **c** ○ Dieses Jahr fahren wir im Sommer nach Italien. ◆ Wart ihr da nicht schon .... Jahr?
- **d** ○ Wo warst du .... Wochenende? ◆ Auf einer Hochzeit.
- **e** ○ Habt ihr dieses Jahr keinen Geschichtsunterricht?
  ◆ Nein, aber .... Jahr haben wir wieder Geschichte.

7 **Ergänze die Präpositionen und Fragewörter.** B1

a vor ★ in ★ bis ★ seit

- Wie lange spielst du schon Gitarre? ◆ .... drei Jahren.
- Und wann hast du mit dem Klavierspielen angefangen? ◆ .... sechs Jahren.
- Wie lange übst du heute noch? ◆ .... zehn Uhr.
- Wann ist dein Konzert? ◆ .... drei Tagen.

b bis wann ★ wann ★ seit wann ★ wie lange

- .... gibt es eure Schülerzeitung? ◆ Seit drei Jahren.
- .... hast du bei der Schülerzeitung begonnen? ◆ Vor einem Jahr.
- .... arbeitest du an einem Artikel? ◆ Manchmal bis zu zehn Stunden.
- .... muss die neue Zeitung fertig sein? ◆ Bis Mittwoch.

8 **Temporale Präpositionen mit Dativ. Ergänze *einem* oder *einer* und die Sätze.** B1

a vor einem Monat / vor .... Stunde / vor .... Jahr
Wo bleibt er nur? Der Zug sollte doch schon vor einer Stunde ankommen.

b seit .... Stunde / seit .... Tag / seit .... Minute / seit .... Jahr
Dein Frühstücksei ist noch nicht fertig, das Wasser kocht erst ....

c nach .... Woche / nach .... Stunde / nach .... Minute
Es gab einen Sturm, deshalb war das Fußballspiel schon .... zu Ende.

d in .... Monat / in .... Stunde / in .... Jahr / in .... Woche
Melina kommt nächsten Dienstag, also heute ....

e mit .... Jahr / mit drei Jahren / mit .... Monat
.... können Babys die ersten Wörter sprechen.

9 **Ersetze die Zeitangaben durch *montags*, *mittags* usw. Aber nur, wenn das möglich ist. Achte auch auf die Adverbien.** B1

a ○ Hast du heute Zeit?
◆ Nein, *(am Montag)* montags habe ich immer mein Basketballtraining.

b ○ Kommst du morgen *(am Abend)* .... zu mir?
◆ Nein, morgen muss ich zu meiner Großtante.

c ○ Was isst du zu Mittag?
◆ *(Am Freitag)* .... esse ich immer Fisch.

d ○ Wann ist der Geschichtstest?
◆ *(Am Mittwoch)* ....

e *(Am Montag)* .... und *(am Freitag)* .... habe ich nie Zeit.
Da ist mein Tanzkurs.

f *(Am Morgen)* .... esse ich meistens Müsli und trinke einen Tee.

10 **Emma war mit ihrer Klasse zum Schüleraustausch in Frankreich. Hör zu und beantworte die Fragen mit den richtigen Zeitangaben.** B2 19

a Wie lange war Emma in Frankreich? Zwölf Tage
b Wann ist die Klasse weggefahren? ……
c Wann sind sie zurückgekommen? ……
d Wie oft hatten die Schüler in Frankreich Unterricht? ……
e Wann hatten sie ihr Ausflugsprogramm? ……
f Wann hat Emma sich in der Stadt verlaufen? ……
g Wann hat sie mit ihrer Gastfamilie Ausflüge gemacht? ……
h Wann fährt sie das nächste Mal nach Rennes? ……

11 **Welche Rolle spielen die fünf Intelligenzen in Emmas Bericht? Schreib Sätze. Nicht alle Ausdrücke passen.** B2

ein Fotobuch bekommen ★ Volleyball spielen ★ an der falschen Haltestelle aussteigen ★ Mathe einfach finden ★ tanzen gehen ★ ~~Französisch lernen~~ ★ sich mit der Gastfamilie gut verstehen

sprachliche Intelligenz Emma lernt Französisch.
mathematische Intelligenz ……
räumliche Intelligenz ……
personale Intelligenz ……
musikalische Intelligenz ……

AUSSPRACHE | *ng*

12 **Lies und ergänze die Wörter. Welche zwei Buchstaben fehlen? Hör dann zu und sprich nach.** 20

A◌◌st Traini◌◌ e◌◌ anfa◌◌en
Verspätu◌◌ Ju◌◌e la◌◌e Heizu◌◌

13 **Ergänze die Dialoge mit den Wörtern aus Übung 12. Hör zu und sprich nach.** 21

a ○ Wie …… dauert das ……? ◆ Zwei Stunden.
b ○ Wann hast du die Hose gekauft? ◆ Vor einem Monat, aber sie ist mir schon zu …….
c ○ Seit wann hast du …… vor Hunden? ◆ Seit unserem letzten Radausflug.
d ○ Wann schaltet ihr im Haus die …… ein? ◆ Im Oktober.
e ○ Wann können wir endlich ……? ◆ In fünf Minuten.
f ○ Wann fährt der Bus? ◆ Um zehn nach sieben, aber er hat …….

C WORTSCHATZ | Strategien

14 **Finde die Wörter. Schreib auch die Artikel und die Pluralformen.** C2

> **WORTSCHATZ**
> Du merkst dir deutsche Wörter besser, wenn du Assoziationen zu den Wörtern findest. Bilder, Sätze, Texte, eine spezielle Situation, eine persönliche Geschichte ... Alles kann dir beim Lernen helfen. Wenn die Assoziationen originell sind, merkst du dir die Wörter besonders gut.

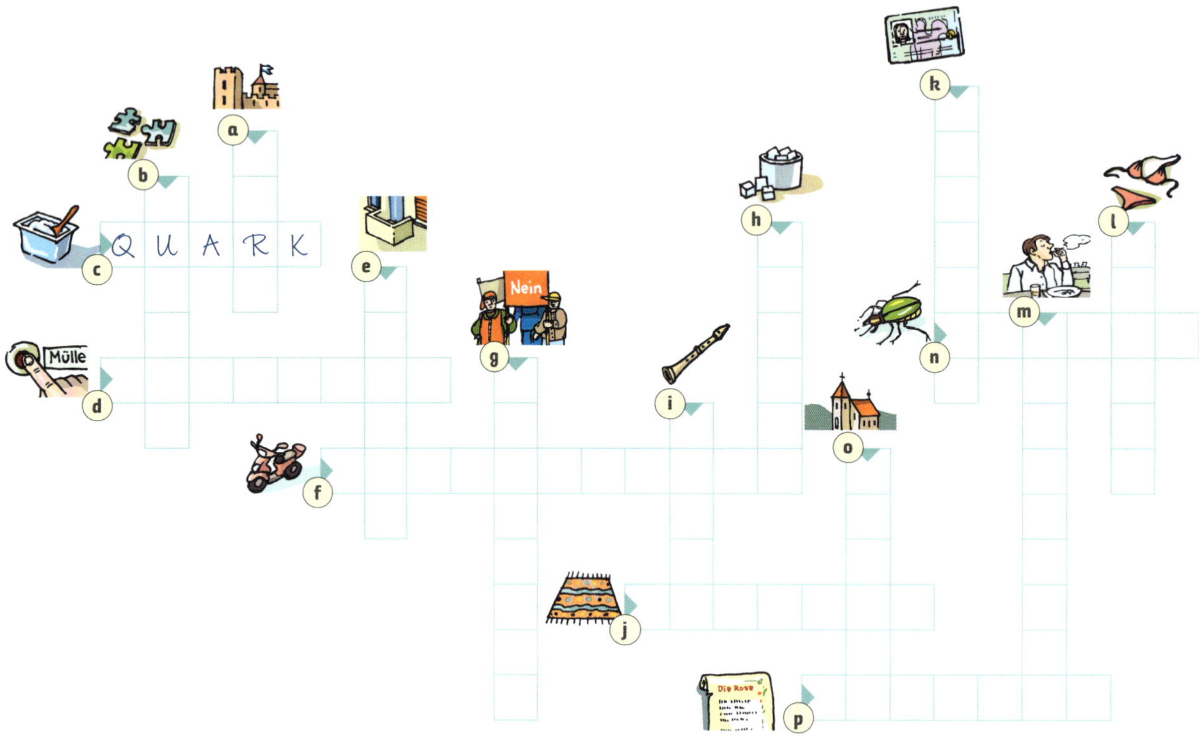

15 **Finde zwei oder mehr Wort-Kategorien und ordne die Wörter aus Übung 14 zu. Vergleiche dann mit deiner Partnerin oder deinem Partner.** C2

Beispiele für Kategorien:

Wörter mit einer Silbe, Wörter mit zwei Silben ... (= Wortlänge)

Burg ....

Maskuline Nomen, feminine Nomen, Adjektive ... (= Grammatik)

....

Mensch, Natur, Wörter für Jungen, Wörter für Mädchen ... (= Bedeutung)

....

Wörter mit einem Vokal, Wörter mit zwei Vokalen ... (= Aussprache)

....

16 **Lies die Sätze, ergänze und markiere. Welche Wörter aus Übung 14 finden die Personen sympathisch 🙂, welche finden sie unsympathisch ☹?** C2

a ☺ Ich finde .... *(Pl.)* langweilig. Sehr oft verliert man Teile, und dann kann man das Bild nicht fertig legen.

b ☺ Ich mag es, wenn meine Schwester .... spielt. Das klingt wunderschön.

c ☺ In der Grundschule mussten wir viele .... *(Pl.)* abschreiben. Das war furchtbar langweilig, auch wenn die .... *(Pl.)* manchmal sehr schön waren.

17 **Finde selbst drei sympathische 🙂 und drei unsympathische ☹ Wörter. Warum magst du sie (nicht)? Schreib Sätze und vergleiche mit deiner Partnerin oder deinem Partner.** C2

18 **Finde die Lern- und Strategietipps. Ordne zu und schreib dann drei Sätze über deine Lernerfahrungen.** C2

Beim Lesen und Hören ...	solltet ihr die Höraufgabe gut durchlesen.
Vor dem Lesen ...	solltet ihr eure Texte gut durchlesen.
Vor dem Schreiben ...	sind kleine Grammatikfehler kein Problem, wichtig ist die Kommunikation.
Nach dem Schreiben ...	solltet ihr die Bilder zum Lesetext ansehen und den Textinhalt erraten.
Beim Sprechen ...	müsst ihr nicht jedes Wort verstehen.
Vor dem Hören ...	solltet ihr eure Ideen sammeln.

....

....

....

....

Beim Lesen habe ich Probleme / keine Probleme / verstehe ich alles / verstehe ich manche Sätze überhaupt nicht / Beim ...

D HÖREN: ALLTAGSSPRACHE

19 **Was weißt du noch? Finde die richtigen Wörter und ergänze Amelie (A) oder David (D).** D1 KB S. 41

(A) will ihr Zimmer neu *(treichens)* .... ( ) hilft ihr. Jetzt sind sie im Baumarkt, weil ( ) zu wenig Farbe gekauft hat. ( ) will einen 15 Liter *(remEi)* .... nehmen. „Der *(chteir)* .... sicher", meint ( ). Doch ( ) *(chnreet)* .... aus, dass sie für das ganze Zimmer nur 15 Liter Farbe brauchen. Das halbe Zimmer ist schon fertig. Sie kaufen also acht Liter *(ebraF)* .... Vor dem Baumarkt stehen ihre *(äderFhra)* .... ( ) möchte nach links fahren, doch das ist falsch. ( ) *(klerärt)* .... ihm den Weg.

20 Ordne zu und ergänze den Dialog. D1

Gut, ...	kommt hin
Rechnen ...	von mir
ich wollte ...	immer schon
Ja, das ...	dass
Wirklich blöd ...	etwas, Anton
Noch ...	wir mal

Anton: **a** Wirklich blöd von mir, dass ich das Mehl für die Pizza vergessen habe. Wie viel brauchen wir?

Ida: **b** ________: Zur Party kommen zehn Personen. Ich glaube zwei Kilo reichen.

Anton: **c** ________. Aber wahrscheinlich sind eineinhalb Kilo auch genug.

Ida: **d** ________. Wir brauchen auch noch Spinat für die Spinatpizza.

Anton: Super, **e** ________ deine Spinatpizza probieren.

f ________ du daran denkst.

E GRAMMATIK | Passiv

21 Ordne die Sätze den Bildern zu. E1

a Das Fahrrad wird geputzt. ◯
b Emily schreibt einen Brief. ◯
c Nele putzt das Fahrrad. ◯
d Das Geschirr wird abgewaschen. ◯
e Ein Brief wird geschrieben. ◯
f Eine neue Software wird installiert. ◯
g Alex installiert eine neue Software. ◯
h Lukas wäscht das Geschirr ab. ◯

1

2

3

4

5

6

7

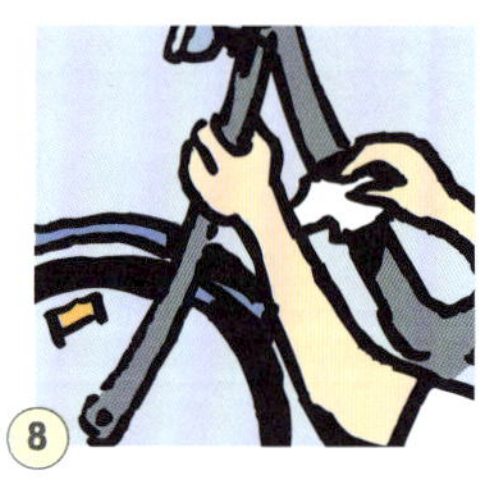
8

22 *Eine Nachricht schreiben* und *ein Zimmer streichen*. Ordne die Satzteile und schreib zwei kurze Texte. E1

a wird | der Text | Schließlich | weggeschickt .

b ausgeräumt | wird | das | Dann | Zimmer .

c der Text | Danach | eingegeben | wird .

d werden | Danach | abgeklebt | und | die Fenster und Türen gemischt | wird | die Farbe .

e wird | Farbe | eingekauft | Zuerst .

f wird | geöffnet | die App auf dem Handy | Zuerst .

g wird | Schließlich | das Zimmer | gestrichen .

h Dann | ausgewählt | der Kontakt | wird .

Eine Nachricht schreiben: Zuerst wird die App ...

Ein Zimmer streichen:

23 Schreib die Texte aus Übung 22 noch einmal. Alina und Luisa streichen das Zimmer, Robin schreibt eine Nachricht. E1

Zuerst kaufen Alina und Luisa Farbe ein. Dann räumen sie ...

Zuerst öffnet Robin die App auf seinem Handy. Dann wählt er ...

24 Lies die Anzeige und unterstreiche die Passivsätze. Wer macht was? Ordne die Tätigkeiten den Berufen zu und schreib fünf Aktivsätze. E1

Eure Abiturreise ins Sommercamp Malibu

Nach dem Lernstress: Entspannung pur – Lasst uns für euch arbeiten!

Anreise: Ihr werdet mit dem Bus vom Bahnhof abgeholt und ins Feriencamp gefahren.

Animation: Am Pool und auf dem Sportplatz werden jeden Tag Spiele organisiert. Jede Woche werden Tennis-, Volleyball- und Fußballturniere organisiert. Am Strand werden Surf- und Tauchkurse angeboten. Abends wird in vier Clubs eure Lieblingsmusik gespielt.

Essen und Trinken: Das Frühstück wird jeden Tag auf der wunderschönen Strandterrasse serviert. In drei verschiedenen Restaurants wird gekocht und gegrillt, den ganzen Tag lang! In fünf Strandbars werden rund um die Uhr Getränke und kleine Speisen angeboten.

Ausflüge: Lust auf Kultur? Bei unseren Ausflügen werdet ihr zu den interessantesten Sehenswürdigkeiten rund um die Stadt gebracht.

Es wird alles für euch organisiert – ihr müsst nur anrufen und buchen: info@malibucamp.de

Tauchlehrer ★ Discjockey ★ Angestellte im Reisebüro ★ ~~Busfahrer~~ ★ Kellner und Kellnerinnen ★ Reiseführerinnen ★ Animateure ★ Surflehrer ★ Köchinnen und Köche

Ein Busfahrer holt die Schülerinnen und Schüler ...

FERTIGKEITENTRAINING

25 LESEN **Lies die Information des Hahn-Gymnasiums und die E-Mail. Wähl für die Aufgaben 1 – 5 die richtige Lösung a, b oder c.**

www.h-schule.de

Hahn-Gymnasium – Unsere Schule

Macht mit bei unserer Online-Umfrage: Was kann man in unserer Schule noch besser machen? Schick deine E-Mail an unsere Redaktion: h-schule@com.de

An: h-schule@com.de
Betreff: Probleme in der Schule

Liebe Redaktion,
das Hahn-Gymnasium ist sicher eine gute Schule. Trotzdem kann man auch bei uns einige Dinge noch besser machen. Erstens finde ich, dass wir mehr Projekte haben sollten. Mein Bruder hat in seiner Schule oft Projektunterricht. Unsere Lehrer und Lehrerinnen sagen immer, dass wir nicht genug Zeit für Projekte haben. Vielleicht gibt es im Stundenplan Platz für Doppelstunden? Dann hätten wir Zeit für Projektunterricht. Zweitens sollten wir im Musikunterricht nicht so viel klassische Musik hören. Viele Schüler finden Pop und Rock viel besser. Vielleicht können wir auch selbst Musik machen. Das macht sicher mehr Spaß, als nur Musik zu hören. Schließlich sollten wir die Schulregeln diskutieren. Ich finde einige Regeln zu streng. Wenn man zum Beispiel morgens einige Minuten später kommt, darf man erst eine Stunde später in die Klasse. Ich finde, wir sollten einfach später mit der Schule beginnen, dann kommen sicher auch nicht mehr so viele Schülerinnen und Schüler zu spät. Ich hoffe, meine Vorschläge gefallen euch. Ich bin sicher, so können wir unsere Schule noch besser machen.
Mit freundlichen Grüßen
Nika Brand

1 Welche Frage stellt das Hahn-Gymnasium an seine Schülerinnen und Schüler?
- a Wie gefällt euch unsere Schule?
- b Was findet ihr an unserer Schule besonders gut?
- c Was kann man an unserer Schule verbessern?

2 Was ist an der Schule von Nikas Bruder besser als am Hahn-Gymnasium?
- a Es gibt mehr Lehrer und Lehrerinnen.
- b Es gibt Doppelstunden.
- c Es gibt mehr Projektunterricht.

3 Was sollte sich im Musikunterricht ändern?
- a Die Schülerinnen und Schüler sollten weniger Rockmusik hören.
- b Die Schülerinnen oder Schüler sollten Musik machen.
- c Man sollte mehr über klassische Musik lernen.

4 Was passiert, wenn Schüler oder Schülerinnen zu spät kommen?
- a Sie müssen extra Übungen machen.
- b Sie müssen vor der Klasse warten.
- c Sie müssen eine Stunde länger in der Schule bleiben.

5 Warum möchte Nika, dass die Schule später beginnt?
- a Ihr Schulweg ist sehr lang.
- b Sie kann dann länger schlafen.
- c Weniger Schülerinnen und Schüler kommen dann zu spät.

LESEN IN DER PRÜFUNG

Lies die Aufgabe und die ersten fünf Zeilen des Textes. Um welches Thema geht es? Lies jetzt die fünf Fragen zum Text ganz genau. Such danach die richtigen Stellen im Text. Streiche 100 % falsche Antworten weg. Kreuze bei jeder Frage unbedingt eine Antwort an, auch wenn du nicht ganz sicher bist.

26 HÖREN **Hör zu und wähle für die Aufgaben 1–5 die richtige Lösung a, b oder c.** 22

1 Was ist in der Schule von Sarahs Bruder besser als in Sarahs Schule?
- a Es wird mehr gelesen.
- b Es gibt mehr Sportmöglichkeiten.
- c Der Mathematikunterricht ist besser.

2 Was gefällt Tom in seiner Schule am besten?
- a Das Essen in der Schulmensa.
- b Die Schülerzeitung.
- c Die Projekte.

3 Was hat Jonas im letzten Schuljahr gemacht?
- a Er hat Unterrichtsmaterialien besorgt.
- b Er hat Experimente gemacht.
- c Er hat bei einem Wettbewerb mitgemacht.

4 Was gefällt Julia nicht in ihrer Schule?
- a Der Kunstunterricht.
- b Der Park und das Schulhaus.
- c Die Kunst im Park.

5 Was wünscht sich Marie an ihrer Schule?
- a Sie hätte gern eine Band.
- b Sie würde gern Partys feiern.
- c Sie würde gern Saxofon lernen.

27 HÖREN **Hör noch einmal. Welche Intelligenzen werden in den Hörtexten in Übung 26 angesprochen?** 22

räumlich ★ mathematisch ★ sprachlich ★ musikalisch ★ körperlich

Sarah: … Intelligenz

28 HÖREN **Hör noch einmal. Wie heißen die Sätze im Hörtext? Schreib die Passivsätze aus dem Hörtext auf.** 22

a Ich hoffe, da macht man bald etwas.
Ich hoffe, da wird bald etwas gemacht.

b An der Schule von meinem Bruder spielt man Basketball und Fußball.
....

c Ab heute steht die neue Zeitung auf dem Schulserver.
....

d Man kauft neue Unterrichtsmaterialien für den Physikunterricht.
....

29 SCHREIBEN **Was gefällt dir an deiner Schule? Was gefällt dir nicht so gut? Schreib eine E-Mail an die Online-Redaktion deiner Schule.**

- Sage, was dir an deiner Schule gefällt / nicht gefällt.
- Sage, was du gern hättest oder machen würdest.
- Sage, was man besser machen sollte.

Liebe Redaktion,
ich finde unsere Schule …
… gefällt mir besonders gut.
Ich mag …
Mein Lieblingsfach / -ort … ist …
Trotzdem kann man einige Dinge … besser machen.
Wir sollten mehr / weniger … haben.
Die Lehrerinnen und Lehrer sollten …
Ich hätte gern / würde gern …
Ich hoffe, euch gefallen meine Ideen / Vorschläge …
Mit freundlichen Grüßen
…

Schreib 30–40 Wörter.
Schreib zu allen drei Punkten.

A1a	• Intelligenz, die, -en	Howard Gardner meint, es gibt mehrere Intelligenzen: sprachliche, musikalische, mathematische ...
	sich wohl·fühlen	Ich fühle mich in meiner Klasse wohl. Ich kann mich hier entspannen und Spaß haben.
	retten	○ Was machst du im Sommer? ◆ Ich fahre nach Rügen und helfe den Rangern. Wir retten Robben.
	mindestens	Ich übe mindestens drei Stunden Gitarre in der Woche. Manchmal übe ich mehr, aber nie weniger.
	musikalisch	Mein Bruder ist sehr musikalisch. Er spielt drei Instrumente.
	• Schriftsteller, der, - • Schriftstellerin, die, -nen	Mein Lieblingsschriftsteller ist Michael Ende. Ich liebe seine Bücher.
A1b	• Bankkaufmann, der, ¨-er • Bankkauffrau, die, -en	Ich denke, eine Bankkauffrau muss gut rechnen können.
A1c	• Gebiet, das, -e	Aristoteles war ein Genie auf dem Gebiet der Mathematik.
	sich merken	○ Hast du dir Sarahs Adresse gemerkt? ◆ Nein, ich habe sie vergessen.
	kommunizieren	Wenn man gut kommuniziert, versteht man sich besser.
A2a	erreichen	○ Wie viele Punkte hast du beim Test erreicht? ◆ Fast alle! Ich habe eine gute Note bekommen.
	• Gefühl, das, -e	Rosi hat ein gutes Gefühl für Sprache, sie schreibt tolle Texte.
	• Form, die, -en	Dreiecke, Kreise oder Quadrate sind Formen.
	analysieren	Wissenschaftler analysieren ein Problem, sie denken genau darüber nach.
	• Frieden, der *(Sg.)*	Viele Politiker sind für Frieden und gegen Krieg.
	• Preis, der, -e	Er hat den Zeichenwettbewerb gewonnen. Er hat einen Preis für das beste Bild bekommen.
A2c	• Präsentation, die, -en	Ich halte morgen eine Präsentation. Ich spreche über meine Lieblingsschriftstellerin.
B1a	knapp	Das war knapp! Fast wäre ich mit dem Rad gestürzt.
B1b	übermorgen	Heute ist Montag. Übermorgen ist Mittwoch.
	vorgestern	Heute ist Montag. Vorgestern war Samstag.
B2a	selbe / selben	Mein Freund Benjamin und ich sind genau gleich alt. Wir haben am selben Tag Geburtstag.
B2c	• Gymnastik, die *(Sg.)*	
C1a	• Gedächtnis, das, -se	Ich habe ein gutes Gedächtnis. Wenn ich neue Wörter lerne, weiß ich sie im Test fast alle noch.
	benutzen	○ Hast du die Wörter alle gewusst? ◆ Nein, ich habe ein Online-Wörterbuch benutzt.
	ab·schreiben	○ Kann ich deine Mathehausaufgabe abschreiben? ◆ Ja, klar, hier.

C2a

Hast du dir die Wörter gemerkt?

• Ausweis, der, -e

• Balkon, der, -e

• Bikini, der, -s

• Burg, die, -en

• Flöte, die, -n

• Gedicht, das, -e

• Insekt, das, -en

• Kirche, die, -n

klingeln

• Motorroller, der, -

• Puzzle, das, -s

• Quark, der *(Sg.)*

schädlich

streiken

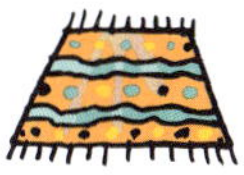
• Teppich, der, -e

• Zucker, der *(Sg.)*

C3b ab·waschen — Nach dem Essen muss man das Geschirr abwaschen.

D1a streichen → 

D1b reichen — ○ Haben wir genug Farbe für das Zimmer? ◆ Ja, das reicht bestimmt.

E1c • Fußgängerzone, die, -n — In der Fußgängerzone kann man einkaufen und spazieren gehen. Dort fahren keine Autos.

• Tablette, die, -n 

• Flohmarkt, der, ¨-e → 

an·probieren — ○ Oje, das neue Kleid passt mir nicht. ◆ Hast du es vorher nicht anprobiert?

E1d installieren — ○ Kannst du mir helfen? Ich möchte eine neue Software auf meinem Computer installieren. ◆ Ja, klar, morgen hätte ich Zeit.

⊕1b träumen — Hey, hörst du mir überhaupt zu? Oder träumst du?

⊕2a • Wettbewerb, der, -e — Machst du auch bei dem Schreibwettbewerb mit? Die beste Geschichte gewinnt einen Preis!

reagieren — ○ Ich habe heute die Hausaufgabe vergessen. ◆ Wie hat deine Lehrerin reagiert? ○ Sie war sehr nett. Ich kann sie morgen abgeben.

• Terrasse, die, -n — Wir hatten ein schönes Ferienhaus. Von der Terrasse konnte man direkt an den Strand gehen.

21 + 22 | MODUL-PLUS

LL 1a • Gebirge, das, - — Die Alpen sind ein großes Gebirge.

TEST 21+22

PUNKTE

G

1 GRAMMATIK **Ergänze die Adjektivendungen.**

- Hast du den neu...... Lehrer schon gesehen?
- Wir haben einen neu...... Lehrer?
- Ja, in Biologie. Er hat lang...... blond...... Haare und ist ziemlich groß.
- Lang...... Haare? Bist du sicher, dass das der neu...... Biologielehrer war?
- Ja, er hatte nämlich ein rot...... T-Shirt an.
- Ja, und?
- Auf dem rot...... T-Shirt war ein blau...... Fisch mit einer groß...... Sprechblase: „Rettet die Wale." ...... **von 10**

2 GRAMMATIK **Schreib Wünsche im Konjunktiv.**

einen anderen Film sehen ★ mehr Zeit haben ★ ~~im Schwimmbad~~ sein ★ auch einen Hund haben ★ seinen Regenmantel haben ★ nach Berlin fahren

a **Anna:** Heute ist es schrecklich heiß. → Anna wäre gern im Schwimmbad.

b **Lena:** Der Hund ist so süß! → ......

c **Jakob:** Oh nein, der Mathetest ist schon morgen. → ......

d **Jan:** Es regnet und ich muss nach Hause gehen. → ......

e **Kai:** Meine Lieblingsband spielt in Berlin. → ......

f **Ina und Tom:** Der Film ist so langweilig. → ...... **von 5**

3 GRAMMATIK **Ergänze den Akkusativ von *dies-*, *letzt-* oder *nächst-*.**

a ○ Ich möchte nächsten Sommer bei einer Zeitung arbeiten.
◆ Hast du dort nicht schon ...... Jahr gearbeitet?

b ○ Wo warst du ...... Wochenende? ◆ Auf einer Party.

c ○ Ist der Biotest übermorgen? ◆ Ja, er ist ...... Donnerstag.

d ○ Lernen wir ...... Woche gemeinsam?
◆ Das geht leider nicht, aber ...... Woche habe ich Zeit.

e ○ Hast du Leonie gesehen? ◆ Ja, ... Wochenende. Sie war im Schwimmbad. ...... **von 6**

4 GRAMMATIK **Ergänze die Präpositionen und Fragewörter.**

bis wann ★ vor ★ wann ★ seit ★ wie lange ★ bis

a ○ Wann hast du mit dem Gitarrespielen begonnen? ◆ ...... drei Jahren.

b ○ Seit wann hast du eine Katze? ◆ ...... drei Wochen.

c ○ ...... brauchst du für die Mathe-Aufgabe? ◆ Mindestens eine Stunde.

d ○ ...... ist dein Geburtstag? ◆ In vier Tagen.

e ○ Wie lange dauert morgen der Unterricht? ◆ ...... 16:00 Uhr.

f ○ ...... müssen wir den Text schreiben? ◆ Bis Freitag. ...... **von 6**

PUNKTE

5 GRAMMATIK **Schreib Passivsätze.** G

a *(bauen)* In der Fabrik werden täglich 1.200 Autos gebaut.
b *(zeigen)* In diesem Kino ______ jede Woche drei neue Filme ______.
c *(machen)* Käse ______ aus Milch ______.
d *(operieren)* Wie viele Menschen ______ täglich in diesem Krankenhaus ______?
e *(spielen)* Auf diesem Sportplatz ______ nächste Woche ein wichtiges Turnier ______.
f *(verkaufen)* Am Schulkiosk ______ jeden Tag 100 Liter Orangensaft ______.

______ von 5

6 WORTSCHATZ **Ergänze das richtige Filmgenre.** W

filmrorHor ★ nceScie-tionFic ★ diemöKo ★ filmbesLie

a Bei diesem Film soll das Publikum lachen. = ______
b Diese Serie spielt in der Zukunft. = ______
c In diesem Film geht es um ein Liebespaar. = ______
d Bei dieser Serie bekommen viele Zuschauer Angst. = ______

______ von 4

7 WORTSCHATZ **Positive (+) und negative (–) Kritik. Ergänze die Wörter und ordne zu.**

tisch ★ lich ★ ragend ★ nell ★ ma ★ ach ★ stert ★ nend

a Die Handlung war origi______. (+)
b Der Film war pri______. ( )
c Ich war begei______. ( )
d Der Film war span______. ( )
e Einige Szenen waren pein______. ( )
f Der Schluss war sehr schw______. ( )
g Die Liebesszenen waren so roman______. ( )
h Die Landschaftsaufnahmen waren hervor______. ( )

______ von 8

8 ALLTAGSSPRACHE **Ergänze.** A

das sagen alle ★ Warum ich ★ Lass dich nicht so bitten ★ Ich weiß von nichts ★ Ich wollte immer schon

a ○ Schreibst du einen Artikel über den Schulball, Anna?
◆ ______? Ich war doch nur bis zehn Uhr dort.
b ______ ans Meer. Diesen Sommer ist es so weit. Ich fahre nach Kroatien!
c ○ Bitte spiel etwas auf dem Klavier, Jonas. ______. ◆ Okay.
d ○ Kennt Sofia sich wirklich so gut mit Computern aus? ◆ Sie ist ein Computergenie, ______.
e ○ Müssen wir morgen zur Schulärztin? ◆ Frag mich nicht. ______.

______ von 5

G	W	A	Wie gut bist du schon?
26–32	10–12	5	Sehr gut!
17–25	7–9	3–4	Okay!
0–16	0–6	0–2	Na ja. Das übe ich noch.

23 Weißt du, wer das erfunden hat?

A TEXT

1 **Was weißt du noch? Ordne die unterstrichenen Textteile.** A2 KB S. 49

Bioniker kopieren Erfindungen, **a** das nie stumpf wird. So gibt es heute Kleidungsstücke, **b** die sie in der Natur sehen. Die Lotusblume war dafür das Vorbild. Bioniker haben auch die Kommunikationstechnik erforscht, **c** der das Fliegen von den Vögeln lernen wollte. Spezielle Computer arbeiten heute schon mit dieser Technik. Mit einem Schwimmanzug, **d** die wie Elefantenrüssel funktionieren, kann man viel schneller schwimmen. Techniker haben Roboterarme erfunden, **e** der wie die Haut eines Haifisches aussieht. Sie können deshalb Elektroautos zusammenbauen. Auch kann man heute schon ein Messer kaufen, **f** die länger sauber bleiben, weil es wie ein Rattenzahn funktioniert. Der erste Bioniker war Leonardo da Vinci, **g** die Delfine unter Wasser benutzen.

B GRAMMATIK | Relativsätze · Genitiv

2 **Wer oder was ist gemeint? Unterstreiche und ordne die richtigen Namen zu. Die Antworten findest du in den Lektionen 19–23 von „Gute Idee!".** B1

- **a** Ein Künstler und Wissenschafter, der | das | die im 16. Jahrhundert gelebt hat.
- **b** Eine Skifahrerin, der | das | die einen furchtbaren Unfall hatte.
- **c** Ein Junge, der | das | die mit sechs Jahren über Nacht Klavier spielen lernte.
- **d** Zwei Menschen, der | das | die hohe personale Intelligenz hatten.
- **e** Eine Studentin, der | das | die gegen die Nazis politisch aktiv war.
- **f** Ein Film, der | das | die etwas über die Geschichte Deutschlands erzählt.
- **g** Ein Fest, der | das | die für Mädchen sehr anstrengend sein kann.
- **h** Ein Mädchen, der | das | die schon mit drei Jahren wie eine Künstlerin zeichnete.

1. Veronika Aigner
2. Nadia
3. Sophie Scholl
4. Seijin no Hi
5. Matt Savage
6. Leonardo da Vinci
7. Ballon
8. Buddha und Barack Obama

3 **Ergänze die Relativpronomen und ordne zu. Welches Wort im Rätsel passt zu welcher Erklärung?** B1

a Kleidungsstücke,
b Ein großes graues Tier,
c Ein Getränk,
d Ein Gemüse,
e Eine Frucht,
f Eine Frau,
g Ein sehr großes Auto,
h Ein Mensch,

.... in Afrika und Indien lebt.
.... hilft, wenn man müde ist.
.... kranken Menschen in einem Krankenhaus hilft.
.... in südlichen Ländern wächst.
.... rot, rund und so groß wie ein Apfel ist.
die man an den Füßen trägt.
.... neben meinem Haus wohnt.
.... viele Menschen gemeinsam benutzen.

4 **Was ist das? Finde Erklärungen für die Drudel. Schreib Relativsätze.** B1

Drudel sind Bilderrätsel. Den Namen *Droodle* (deutsch: *Drudel*) hat der Amerikaner Roger Price im Jahr 1950 erfunden.

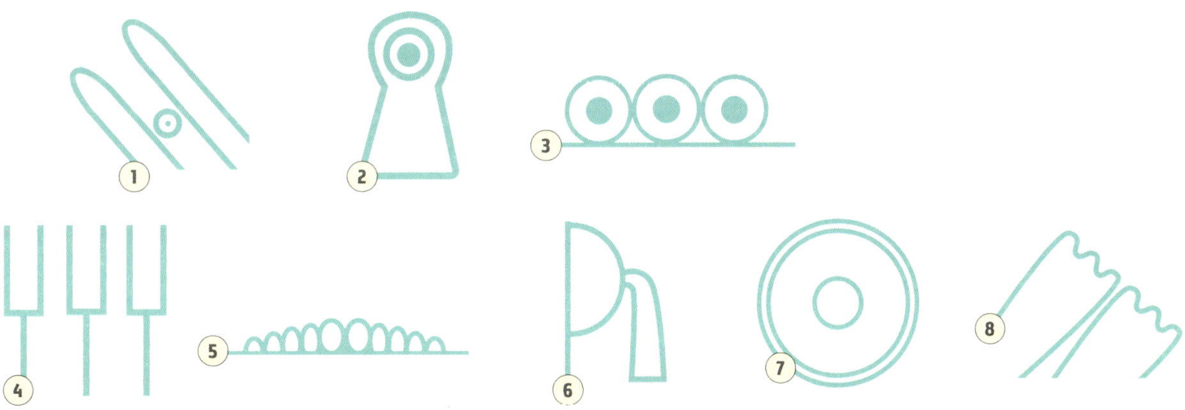

auf dem Tisch liegen ★ in der Badewanne liegen ★ nur weiße Tasten haben ★ das Meer suchen ★ beim Rennen einen Fehler machen ★ durch ein Schlüsselloch schauen ★ um die Ecke gehen ★ über dem Bett hängen

a Bild eins ist ein Skifahrer, ...
b Bild zwei ist ein Kind, ...
c Auf Bild drei sind drei Bleistifte, ...
d Bild vier ist ein Klavier, ...
e Bild fünf ist eine Frau, ...
f Bild sechs ist ein Pferd, ...
g Bild sieben ist eine Lampe, ...
h Bild acht ist ein Taucher, ...

5 **Gustav Gansmann ist Hobby-Erfinder. Frau Berger hat sein Arbeitszimmer aufgeräumt. Wo waren seine Sachen vor dem Aufräumen? Hör zu und zeichne die Gegenstände an die richtige Stelle im Bild.** B1 🔊 23

6 **Ergänze die Texte mit Relativsätzen. Verwende die Informationen im Kasten. Was haben diese zwei Männer erfunden?** B1

a Elfriede Maltzahn wohnt auch in Rostock. ★ Der Wind ist für sie unerträglich.

Rostock, 1882. Ludolph Bartelmann arbeitet in seiner Werkstatt. Die siebzigjährige, kranke Elfriede Maltzahn, ………………………………………………, erzählt ihm von ihren Problemen. Ihr Lieblingsplatz ist der Strand, doch sie ist nicht mehr so gesund. Es ist der Wind, ……………………………………………… . Da hat Bartelmann eine Idee …

Erfindung: ………………………………………………

b Der Zoo liegt nicht weit von seinem Haus entfernt. ★ Die Tiere gefallen ihm dort am besten.

Stuttgart, 1903. Richard Steiff geht einmal pro Woche in den Zoo, ……………………………………………… . Die Tiere, ………………………………………………, sind die Bären. Stundenlang sieht er ihnen zu und zeichnet sie. Da hat er eine Idee …

Erfindung: ………………………………………………

a Strandkorb

b Teddybär

7 **Wer hat was erfunden? Ordne zu und schreib für jeden Namen einen Satz.** B2 KB S. 50–51

die Rolltreppe ★ der Kaffeefilter ★ der Kugelschreiber ★
die Geschirrspülmaschine ★ das Mountainbike ★ der Helikopter

a László Bíró — Lásló Bírós Erfindung / Die Erfindung von Lásló Bíró war
b Melitta Benz
c Gary Fisher
d Jesse Reno
e Igor Sigorski
f Josephine Cochrane

8 **Lies den Text und beantworte die Fragen.** B2

Junge Erfinder und Erfinderinnen
Es war nicht die Idee des Computerlehrers und auch nicht die Idee der Physiklehrerin. Ein Schüler und eine Schülerin des Franz-Haniel-Gymnasiums in Homburg spielten selbst Erfinder. „Ein Rollstuhl, der nur auf die Bewegungen der Augen reagiert, das wäre für viele Behinderte wichtig!", meinten sie. Die Lehrer und Lehrerinnen der Schule waren begeistert, und auch beim Wettbewerb der Aktion „Jugend forscht" konnten die Nachwuchs-Erfinder einen Preis gewinnen.

a Was kann die Erfindung?
b Wer hat sie erfunden?
c Warum ist die Erfindung nützlich?

9 **Finde die sechs Genitive im Text in Übung 8 und notiere sie.**
Schreib auch den Nominativ und ergänze dann die Tabelle. B2

	Genitiv	Nominativ
a	die Idee des Computerlehrers	der Computerlehrer
b		
c		
d		
e		
f		

die Idee	**des** Computerlehrer**s**	eines Computerlehrers	**-es** (Nomen + **s**)
die Schüler	**des** Gymnasium**s**		**-es** (Nomen + **s**)
die Idee	**der** Physiklehrerin		**-er**
die Bewegungen	**der** Augen	ihrer Augen	**-er**

GRAMMATIK

Beim Dativ und beim Genitiv bekommen alle Artikelwörter (*der, dieser, jeder, ein, kein, mein, dein …*) dieselben Endungen.
Dativ: **-em**/**-em**/**-er**/**-en** (Nomen +**n**)
Genitiv: **-es** (Nomen +**s**) / **-es** (Nomen +**s**)/**-er**/**-er**

Tipp: Sprich diese Endungen rhythmisch, dann merkst du sie dir leichter.
Dativ: em/em/er/en-en Genitiv: es-s/es-s/-er/-er

10 Wer ist Anna? Sieh die Zeichnung an und beschreibe Annas verschiedene Rollen. B2

a (die Schülerin – der Flötenlehrer Alf) Anna ist die Schülerin des Flötenlehrers Alf.
b (die Babysitterin – die Nachbarn) ……
c (eine Kundin – der Supermarkt) ……
d (eine Einwohnerin – die Stadt Frankfurt) ……
e (die beste Spielerin – die Fußballmannschaft) ……
f (die Besitzerin – ein Moped) ……
g (die Computerexpertin – ihre Klasse) ……
h (die Nachhilfelehrerin – ihr Cousin) ……

11 Wer oder was bist du alles? Zeichne und beschreibe fünf Rollen in deinem Leben. B2

Ich bin ……
……
……

12 Ergänze die Genitive zu den Sätzen mit den Informationen im Kasten. B2

Wir essen mittags oft in der Pizzeria „Roma". ★ Ich habe den Horrorfilm gesehen. ★ Ich möchte den Pullover kaufen. ★ ~~Tom hat einen neuen Sportwagen.~~ ★ Meine Schulaufgaben in Deutsch waren nicht gut. ★ Die Konzertkarten waren zu teuer.

a Toms Sportwagen ist super! Ich durfte letztes Wochenende mitfahren.
b Die Räume …… werden gerade gestrichen. Deshalb können wir dort nicht zu Mittag essen.
c Aber die Farbe …… gefällt mir nicht. Gehen wir in ein anderes Geschäft.
d Wir fahren nun doch nicht nach Köln. Der Preis …… war zu hoch.
e Vor allem die letzte Szene …… war furchtbar. Ich hatte richtig Angst.
f Die Noten …… waren schon einmal besser, aber das Referat war gut.

C WORTSCHATZ

13 Löse das Kreuzworträtsel. Wie heißt das Lösungswort? C1

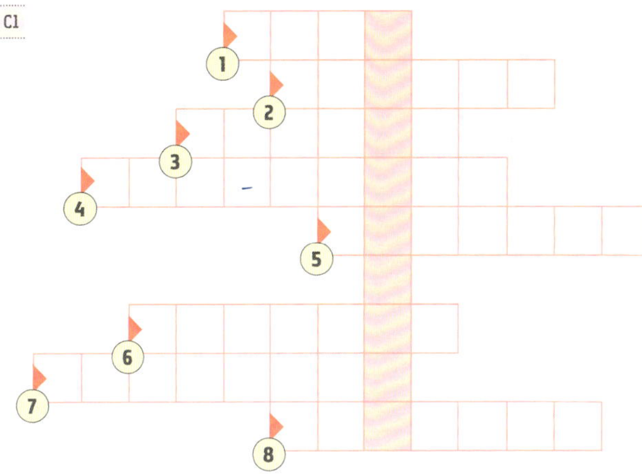

14 Finde die Wörter und ordne sie den Symbolen zu. C1

Ordner ★ ausdrucken ★ anklicken ★ Computerspiele ★ Datei ★ Internetseite ★ speichern ★ herunterladen ★ soziale Netzwerke

a .... b .... c ....

d .... e .... f ....

g .... h .... i ....

15 Ergänze die Sätze mit sieben Wörtern aus Übung 14 in der richtigen Form. C1

a Schau, ich habe mir eine neue App .... Damit kann ich Fotos kreativ bearbeiten.

b Wenn du einen Schülerjob suchst, gehst du am besten auf die .... www.jobsfuerdich.de.

c Oh nein! Das Programm funktioniert nicht mehr, und ich habe meine Arbeit nicht ....!

d Mit den .... kann ich ganz leicht mit meinen Freundinnen und Freunden in Kontakt bleiben.

e Welches Zeichen muss ich ...., wenn ich das Bild heller machen will?

f Die Arbeit ist fertig, ich .... sie nur noch .... Morgen muss ich sie abgeben.

g Die .... ist nicht im richtigen Ordner. Ich muss das Suchprogramm starten.

D HÖREN: ALLTAGSSPRACHE

16 **Was weißt du noch? Lies die Fragen, finde die passenden Antworten und ergänze sie mit einem Genitiv oder einem Relativsatz.** D2 KB S. 53

a Wo treffen sich Mia und Niklas?
b Was möchte Niklas kaufen?
c Was meint Mia? Welches Geschenk soll Niklas kaufen?
d Was haben Mia und Felix gemeinsam?
e Warum hat Felix nur kurz mit Mia gesprochen?
f Was möchte Mia von Niklas?

(a) In der Geschirrabteilung, im Untergeschoss (*ein Kaufhaus*) ....
( ) Die Telefonnummer (*sein Bruder*) ....
( ) Ein Geschenk zur Hochzeit (*seine Schwester*) ....
( ) Er tut sich manchmal schwer mit Mädchen, (*er mag sie*) ....
( ) Ein Geschenk, (*es ist nützlich*) .... : einen Salzstreuer.
( ) Sie interessieren sich für Themen, (*mit Biologie zu tun haben*) ....

17 **Was bedeuten die unterstrichenen Ausdrücke? Ordne zu und ergänze dann den Dialog mit den Ausdrücken aus der linken Spalte.** D2

Mit Sport tut er sich schwer	sehr schnell
ich brauche mein Handy dringend	ich brauche keine Hilfe
Schade eigentlich ...	mit Geld
Zahlen Sie bar oder mit Karte	es tut mir ein bisschen leid
er hat nach dir gefragt	er hat kleine Probleme mit ...
Andererseits ...	er wollte Informationen über dich
das geht schon so	wenn man es von der anderen Seite sieht

Verkäuferin: Guten Tag, kann ich Ihnen helfen?
Katja: Ich brauche **a** .... ein Geburtstagsgeschenk für meinen Bruder.
Verkäuferin: Wir wär's mit einem Sportgerät, einem Fußball vielleicht?
Katja: **b** ....
Verkäuferin: Dann vielleicht eine schöne Teetasse?
Katja: Ich glaube nicht, dass ihm die rosa Tasse hier gefällt. ... **c** ....
d .... Gibt es die Tassen auch in anderen Farben?
Verkäuferin: Ja, natürlich. Hier, bitteschön.
Katja: Gut, die nehme ich.
Verkäuferin: **e** .... ?
Katja: Mit Karte.
Verkäuferin: Brauchen Sie eine Tüte?
Katja: Nein danke, **f** ....

E GRAMMATIK | Indirekte Fragesätze

18 **Sophie war mit ihrer kleinen Schwester Leni im Zoo. Sophie erzählt ihren Eltern, was Leni gefragt hat. Schreib indirekte Fragesätze.** E1

Weißt du's noch? S. 95
Fragesätze

a „Warum schaut der Löwe so traurig?"
Leni wollte wissen, warum der Löwe so traurig schaut.

b „Darf ich das Futter von der Springmaus probieren?" (*ob*)
Leni hat gefragt, ob

c „Welcher Wolf hat Rotkäppchens Großmutter gefressen?"

d „Warum darf ich nicht auf dem Nilpferd reiten?"

e „Ist es den Eisbären nicht zu warm?" (*ob*)

f „Sind die Schlange und die Maus Freunde?" (*ob*)

g „Warum wohnen sie dann zusammen?"

19 **Was sagen die Personen? Schreib die Dialoge auf.** E1

Der Kellner fragt den Jungen, ob er etwas essen möchte. Der Junge will wissen, ob es ein billiges Menü gibt.

○ Möchtest du etwas essen?
◆

Sie möchte wissen, wie sie zum Bahnhof kommt. Er fragt sie, ob sie mit dem Bus fahren oder zu Fuß gehen will.

○
◆

Sie will wissen, wann sie die Englischhausaufgabe abgeben müssen. Er fragt sie, ob sie überhaupt eine Hausaufgabe in Englisch bekommen haben.

○
◆

Die Jugendlichen fragen, ob es in der Nähe einen Campingplatz gibt. Der alte Mann fragt sie, ob sie nicht lieber in der Jugendherberge schlafen wollen.

○
◆

Der Junge will wissen, wie spät es ist. Seine Freundin fragt ihn, ob er keine Uhr hat.

○
◆

Max will wissen, ob Amelie den Krimi im Fernsehen sehen will. Amelie fragt, ob sie nicht lieber Musik hören sollen.

○
◆

20 Wer fragt was? Schreib noch einmal indirekte Fragesätze. E2

a Lehrerin: Warum kommst du zu spät, Antonia?

Die Lehrerin fragt Antonia, warum ....

b Jakob: Kannst du mir helfen, Anna?

....

c Simon: Kommt Lara auch auf die Party, Tim?

....

d Moritz: Haben Sie unsere Tests korrigiert, Herr Specht?

....

e Frau Kohler: Wie alt bist du, Julia?

....

f Lukas: Wie spät ist es, Mama?

....

AUSSPRACHE | Satzmelodie

21 Hör zu und markiere die Satzmelodie. ↗ ↘ → 24

a Weißt du, (→) wann Toms Party beginnt? ( )
Beginnt sie um fünf ( ) oder erst um sechs? ( )
Ich frage mich, ( ) ob Daniel auch eingeladen ist. ( )
Was meinst du? ( ) Kommt Daniel auch? ( )

b Sag mir bitte, ( ) was ich anziehen soll. ( )
Passt die Bluse ( ) oder soll ich doch lieber das T-Shirt nehmen? ( )

c Kannst du mir erklären, ( ) wie man zu Toms Haus kommt? ( )
Soll ich den Bus nehmen ( ) oder das Fahrrad? ( )

22 Auf dem Bahnhof oder im Supermarkt? Welche Frage passt zu welcher Situation? Ergänze und lies die Sätze laut.

a (*Wissen Sie, …*) Ist der Zug aus Nürnberg schon angekommen? (B)
b (*Weißt du, …*) Wo kann ich eine Einkaufstüte bekommen? ( )
c (*Können Sie mir sagen, …*) Haben Sie auch Briefpapier? ( )
d (*Können Sie mir zeigen, …*) Wo kann ich mein Gepäck lassen? ( )
e (*Ich muss herausfinden, …*) Wie komme ich am schnellsten nach München? ( )

B auf dem Bahnhof
S im Supermarkt

Wissen Sie, ob der Zug aus Nürnberg schon angekommen ist?

f (*Wissen Sie, ...*) Wie viel kostet ein Kilo Kartoffeln?

g (*Weißt du, ...*) Wo ist die Milch?

h (*Ich muss herausfinden, ...*) Wann fährt der EC 234 ab?

i (*Können Sie mir erklären, ...*) Wie macht man die Dose auf?

j (*Zeigen Sie mir bitte, ...*) Wo ist Bahnsteig 12 a?

FERTIGKEITENTRAINING

23 LESEN **Sechs Jugendliche wollen im Internet gebrauchte Dinge kaufen. Lies die Anzeigen a bis f. Welche Anzeige passt zu welcher Person? Für eine Aufgabe gibt es keine Lösung. Markiere so: X.**

1 Matteos Schwester hat bald Geburtstag. Matteo möchte ihr etwas schenken. Seine Schwester kocht gern.
2 Lina sucht ein Trainingsfahrrad für die Wohnung. Sie möchte fit bleiben, aber nicht im Freien trainieren.
3 Emils Onkel sammelt alte Räder, die er anmalt und die er dann in seinem Garten aufstellt. Emil sucht ein Geschenk für seinen Onkel.
4 Luca hilft seinen Cousins und Cousinen beim Englischlernen. Er sucht einfache Lesetexte für sie.
5 Claras Bruder hat ein altes Haus gekauft. Clara will ihm Werkzeug für Haus und Garten schenken.
6 Linas Bruder fährt im Urlaub ans Meer. Lina meint, er könnte surfen lernen. Sie will ihm dafür etwas schenken, sie hat aber nur wenig Geld.

Gebraucht aber gut! - Der Internetflohmarkt

a **Ich will es nicht wegwerfen!**
Kannst du kaputte Dinge reparieren? Bist du ein guter Bastler? Dann ist mein altes Fahrrad vielleicht etwas für dich. Die Reparatur beim Mechaniker ist zu teuer, wegwerfen will ich es aber nicht. Deshalb ist es billig zu haben.
DETAILS

b **Damit geht's schneller**
Wir haben eine neue Küchenmaschine gekauft. Einen Monat später haben wir dieselbe Küchenmaschine als Geschenk bekommen. Deshalb möchten wir eine verkaufen. Schneiden, hacken, pressen, rühren ... Die Maschine kann einfach alles!
DETAILS

c **Pang! Boom!**
Ich verkaufe meine Sammlung von englischsprachigen Comic-Heften. Die Hefte sind alle in Ordnung. Ihr solltet euch für alle 500 Hefte interessieren. Ich möchte keine Einzelhefte abgeben.
DETAILS

d **Wind und Wasser**
Aus Platzgründen muss ich leider meine drei Profi-Surfbretter verkaufen. Ein Brett ist an zwei Stellen repariert, es ist aber dicht und funktioniert problemlos. Ich verkaufe die drei Bretter nur zusammen.
DETAILS

e **Fit und gesund**
Unser Sohn ist ausgezogen und hat alle seine Fitnessgeräte zurückgelassen. Wir möchten das Zimmer anders nutzen und verkaufen deshalb einen Heimtrainer und eine Kraftbank. Die Geräte sind nicht neu, aber in gutem Zustand.
DETAILS

f **Helfer für Haus und Garten**
Ich habe mein Haus im Grünen verkauft und ziehe in die Stadt. Deshalb will ich mein Werkzeug für Haus und Garten günstig abgeben. Ich verkaufe alles, was ihr auf den Fotos seht. Auch einzeln.
DETAILS

24 HÖREN **Probleme mit Freunden. Hör Toms Sprachnachrichten an Mia. Kreuze an.** 🔊 25

1 Mit wem war Tom im Kino?

a mit Lukas und Silvia b mit Martina c mit Silvia

2 Wie lange war Tom nach dem Kino im Café?

a eine Stunde b eine halbe Stunde c von 16:00 bis 18:00 Uhr

3 Was haben Tom und Silvia beim Schulkiosk gemacht?

a Freunde getroffen b Mathematik gelernt c Englisch gelernt

4 Wo war Tom am Nachmittag?

a mit dem Fahrrad in der Stadt b beim Fußballtraining c bei Silvia

5 Was möchte Tom?

a mit Silvia zum Turnersee fahren b mit Martina sprechen c in Mathematik besser sein

6 Warum ruft Martina Tom nicht an? Was glaubst du?

a Sie hat Toms Nachrichten nicht gehört. b Sie ist böse auf Tom.

HÖREN IN DER PRÜFUNG

Deine Lehrerin oder dein Lehrer kann dir die Texte zu den Hörübungen im Arbeitsbuch geben oder du lädst sie dir unter www.hueber.de/gute-idee herunter. Mit diesen Texten kannst du weitere Hörübungen machen. Hier sind einige Ideen:
- Du kannst den Text lesen und gleichzeitig hören.
- Du kannst hören und den Text laut mitlesen.
- Du kannst mit einem Korrekturstift Wörter oder Satzteile aus dem Text streichen.

Zum Beispiel:
Arbeitet zu zweit. Streicht alle Verben oder jedes sechste Wort im Text eures Partners oder eurer Partnerin. Dann tauscht ihr die Texte. Zwei Tage später hörst du den Text noch einmal und ergänzt die Lücken.

25 HÖREN **Wer hat wen gefragt? Hör noch einmal und schreib indirekte Fragesätze.** 🔊 25

a „Gehst du mit mir ins Kino?"
Silvia hat ______ gefragt, ______

b „Gehen wir noch etwas trinken?"
______

c „Kannst du mir die Hausaufgabe in Mathematik erklären?"
______

d „Habe ich wirklich dein Fahrrad vor Silvias Haus gesehen?"
______

e „Warum hilfst du Silvia in Mathematik?"
______

26 SPRECHEN Hör das Gespräch. Nummeriere die Gesprächskarten. Achtung: Vier Karten passen nicht. 26

Fragen zur Person
Internet? ◌

Fragen zur Person
Serie? ◌

Fragen zur Person
Prüfung? ◌

Fragen zur Person
Musik? ◌

Fragen zur Person
Wochenende? ◌

Fragen zur Person
Lieblingsessen? ◌

Fragen zur Person
Freunde? ◌

Fragen zur Person
Sport? ◌

27 SPRECHEN Hör noch einmal und schreib die Fragen zu den Karten auf. Finde dann für alle Karten möglichst viele Fragen. Fragt und antwortet dann. 26

1 *Was machst du am Wochenende?*

Kennst / Triffst / Hast / Bist / Magst du …?
Was …?
Wann …?
Wo …?
Wie oft …?
Wie gefällt dir / findest du …?
Mit wem …?
Woher …?
Wohin …?
Warum …?
Welcher / welche / welches …?

A1	reinigen	Wenn mein Fahrrad schmutzig wird, reinige ich es mit Wasser.
A2a	stumpf	
	• Anzug, der, ¨-e 	
	kopieren	Die Wissenschaftler kopieren die Natur: Sie machen die Lösungen der Tiere und Pflanzen nach.
	(sich) teilen	Ich bin nicht so hungrig. Möchtest du dir eine Pizza teilen?
	• Fach, das, ¨-er	○ Was ist dein Lieblingsfach in der Schule? ◆ Biologie.
	sich nennen	Die Wissenschaft der Natur nennt sich Biologie.
	• Ergebnis, das, -se	Die Ergebnisse des Tests sind gut. Es gibt nur gute Noten.
	• Schmutz, der *(Sg.)*	Ich bin im Regen nach Hause gegangen. Jetzt ist viel Schmutz auf meinen Schuhen.
	• Trick, der, -s	Ich habe einen Lerntrick: Ich lese neue Wörter vor dem Einschlafen. Dann merke ich sie mir.
	senden	Ich habe dir eine Nachricht gesendet. Hast du sie bekommen?
	• Haut, die *(Sg.)*	Der Haifisch hat eine glatte Haut. So kann er besonders schnell schwimmen.
	• Werkzeug, das, -e	
	• Ast, der, ¨-e 	
	• Vogel, der, ¨	Leonardo da Vinci wollte das Fliegen von den Vögeln lernen.
A3	• Erfindung, die, -en	Ich glaube, der Computer ist die wichtigste Erfindung des 20. Jahrhunderts.
	• Modell, das, -e	Das Modell für das Flugzeug ist der Flug des Vogels.
B1c	• Spielzeug, das, -e	Das Lieblingsspielzeug von meinem kleinen Bruder ist ein Holzpferd.
	• Tüte, die, -n 	
	virtuell	In meinem Lieblingscomputerspiel kann man eine virtuelle Welt bauen. Die Welt gibt es nur im Computer.
B1d	nützlich	Der Kühlschrank ist eine sehr nützliche Erfindung. Er macht das Leben viel einfacher.
B1e	neugierig	Mein kleiner Bruder ist sehr neugierig. Er will immer wissen, was ich mache.
	• Rolle, die, -n	
	• Gummistiefel, der, - 	
	hart	
	≠ weich	

• Tasse, die, -n

• Fleck, der, -en

B2c • (Roll-)Treppe, die, -n

C1a

Computer 1

• Monitor, der, -e

• Drucker, der, -

• Tastatur, die, -en

• USB-Stick, der, -s

• Scanner, der, -

• Maus, die, ¨-e

• Laptop, der, -s

• Tablet, das, -s

C1c

Computer 2

• Datei, die, -en

• Ordner, der, -

• soziale Netzwerk, das, -e

• Internetseite, die, -n

(aus)drucken

anklicken

herunterladen

speichern

online

chatten

surfen

D1 • Ausgang, der, ¨-e — ≠ Eingang

• Parkhaus, das, ¨-er — ○ Wo habt ihr das Auto geparkt? ◆ Im Parkhaus.

• Erdgeschoss, das, -e — Der Eingang des Kaufhauses ist im Erdgeschoss.

• Stock, der, - — Ich wohne im dritten Stock. Ich muss jeden Tag Treppen steigen.

• Kosmetik, die *(Sg.)* — ○ Wo finde ich hier ein Shampoo? ◆ Im ersten Stock bei der Kosmetik.

D2c bar

• Kreditkarte, die, -n

E3 (sich) erinnern — ○ Kannst du dich an deinen fünften Geburtstag erinnern? ◆ Ja, das weiß ich noch gut!

⊕1a • Knochen, der, -

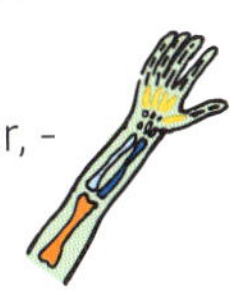

24

A TEXT

1 Was weißt du noch? Finde 13 Wörter und ergänze den Text. A2 KB S. 57

stadtmauernkaufmannwissenentdeckungsuchenlieber

liesttrojasprachenverdientmenschenbeginntstudieren

Heinrich Schliemann ist 45 Jahre alt und **a** .... von Beruf. Er **b** .... viel Geld. Doch er möchte **c** .... Wissenschaftler sein. Deshalb **d** .... er im Jahr 1866 in Paris **e** .... und Philosophie zu **f** .... Er **g** .... Homers Geschichten, und er beschließt, die Stadt **h** .... zu **i** .... In der Nähe von Hisarlik entdeckt Schliemann Trojas **j** .... und findet auch die Schatzkammer des trojanischen Königs Priamos. Hundertfünfzig Jahre nach der **k** .... Schliemanns arbeiten heute noch immer Archäologen in Hisarlik. Sie möchten **l** ...., wie die **m** .... in der Antike gelebt haben.

B WORTSCHATZ | Wörter durch den Kontext verstehen, Wortbildung

2 Lies die Sätze. Welche Wortart ist das unterstrichene Wort? Ordne zu. B1

N Nomen ★ **V** Verb ★ **Adj** Adjektiv ★ ~~**Adv** Adverb~~ ★ **P** Präposition

a Homers Geschichten berichten von einem <u>langen</u> Krieg um die Stadt Troja. ( )

b Im Jahr 1871 findet Schliemann in der <u>Nähe</u> von Hisarlik Trojas Stadtmauern. ( )

c Hisarlik liegt <u>in</u> der Türkei. ( )

d Auch <u>heute</u> noch gibt es Ausgrabungen in Hisarlik. (Adv)

e Ob es den trojanischen Krieg wirklich <u>gegeben</u> hat, wissen die Forscher nicht genau. ( )

3 **Lies den Text. Ignoriere beim Lesen die markierten (= unbekannten) Wörter. Beantworte dann die Fragen.** B3

a Was ist das Thema der Fernsehdokumentation? ……

b Wer ist Ötzi? ……

c Was wissen wir über Ötzi? ……

d Welche Geschichte war für die Journalisten besonders interessant?

……

Ötzi und die Journalisten **Fernsehdokumentation, Montag 21:05 Uhr**

Südtirol (Italien), 1994: Erika und Helmut Simon finden in einem **a** Gletscher in den Alpen den Körper eines toten Menschen. Der **b** Fund ist eine Sensation: Wissenschaftler **c** stellen fest, dass die **d** Leiche aus dem Gletschereis mehr als 5.000 Jahre alt ist. Zeitungen und Fernsehsender berichten monatelang von „Ötzi", dem Gletschermann. Sie finden ein begeistertes Publikum für ihre Geschichten. Die Forscher, die Ötzi **e** untersuchen, können den Journalisten **f** anfangs auch interessante Informationen präsentieren. So wissen wir heute, wie Ötzi gelebt hat, woher er kam und welchen Beruf er hatte. Sogar die Geschichte seines Unfalltodes können die Wissenschaftler **g** detailgenau nacherzählen.
Doch das ist den Journalisten zu wenig. In den zehn Jahren nach dem Fund sterben sieben Menschen, die mit Ötzi **h** zu tun hatten. So auch der **i** Hobby-Alpinist Helmut Simon, der im Jahr 2004 bei einem Bergunglück **j** ums Leben kommt. Das sind genau die Informationen, die die Journalisten für ihre Geschichten brauchen. Eine ähnliche Sensationsgeschichte **k** gab es nämlich schon 1922: Der britische Archäologe Howard Carter fand damals das **l** Grab des ägyptischen Pharaos Tutanchamun. Auch danach starben Menschen, die mit dem Grab des Pharaos zu tun hatten. Einige Journalisten sind sicher: So wie Tutanchamuns Geist bringt auch Ötzis Geist Unglück.
Die Fernsehdokumentation erzählt die interessantesten Geschichten rund um Ötzi, den Mann aus der **m** Bronzezeit, und versucht, die Grenzen zwischen Wirklichkeit und journalistischer **n** Fantasie aufzuzeigen.

4 **Kannst du die Wörter a – n in Übung 3 verstehen? Finde die Wortart, ordne zu und übersetze. Für vier Wörter gibt es keine Erklärung.** B3

Wort	Wortart	Übersetzung	Erklärung
			ein toter Körper
			am Beginn
a	Nomen		Eis und Schnee in den Bergen, die das ganze Jahr liegen bleiben
			eine Sache, die gefunden wird
			sagen
			Präteritum von *geben*
			Platz für tote Menschen
			Ideen und Bilder, die es in der Realität nicht gibt
			sehr genau
			erforschen

5 **Finde die zusammengesetzten Wörter im Text in Übung 3.** B3

a das Eis eines Gletschers = Gletschereis

b der Mann aus dem Gletscher = ……………

c der Tod bei einem Unfall = ……………

d ein Unglück auf einem Berg = ……………

e eine Geschichte, die sensationell ist = ……………

f eine Dokumentation für das Fernsehen = ……………

g in dieser Zeit haben die Menschen das Metall Bronze entdeckt = ……………

h jemand, der Bergsteigen zu seinem Hobby gemacht hat = ……………

6 **Finde zu den Verben acht Nomen mit *-er*, *-in* und *-ung* und markiere sie.** B3

entscheiden · kopieren · verlieren · ~~ändern~~ · entschuldigen · wählen · beantworten

O	W	U	L	K	I	H	Z	M	P	V	E	R	L	I	E	R	E	R	L	T
W	Ä	N	D	E	R	U	N	G	Z	T	F	S	A	L	E	R	Ö	E	T	W
Q	H	G	E	N	T	S	C	H	U	L	D	I	G	U	N	G	E	R	P	I
T	L	H	W	Ä	H	L	E	R	I	N	A	K	O	P	I	E	R	E	R	A
B	E	A	N	T	W	O	R	T	U	N	G	S	A	Z	H	J	K	L	A	J
Z	R	N	K	Ä	U	I	E	N	T	S	C	H	E	I	D	U	N	G	S	E

7 **Sag es anders. Ergänze die Sätze mit den Nomen aus Übung 6 in der richtigen Form.** B3

a 400 Millionen Menschen wählen alle fünf Jahre das EU-Parlament.
400 Millionen …………… und …………… gehen alle fünf Jahre zur EU-Wahl.

b Wenn du krank bist, musst du dich in der Schule entschuldigen.
Wenn du krank bist, brauchst du für die Schule eine …………… .

c Wir möchten die Regeln für das Spiel nicht ändern.
Wir möchten keine …………… der Spielregeln.

d Wir hatten beim Fußballspiel keine Chance. Wir haben verloren.
Wir hatten keine Chance. Wir waren die …………… .

e Beantwortet die Fragen und schreibt dann den Text.
Schreibt den Text nach der …………… der Fragen.

f Ich komme gleich. Ich muss nur noch etwas kopieren.
Ich komme gleich. Ich muss nur noch zum …………… .

g Bitte entscheide dich, wir warten.
Und, wie ist deine ……………? Wir warten immer noch.

C GRAMMATIK | Infinitivsätze

8 Lies den Reisebericht. Welche Entdeckungsreise in **C1 b** im Kursbuch passt zu dem Bericht? C1 KB S. 60

... Ich habe vor, heute Abend mit der Mannschaft zu sprechen. Aber es ist schwierig, noch vernünftige und mutige Männer zu finden. Die meisten haben Angst weiterzusegeln. Der Kapitän hat verboten, von Rückkehr zu sprechen. Aber so etwas kann man nicht verbieten. Auch der Kapitän der Pinta hat angefangen, gegen unsere Pläne zu arbeiten. Ich glaube, er hat beschlossen, nicht mehr lange mitzumachen. Jetzt spielt auch noch der Kompass verrückt. Er zeigt nicht mehr nach Norden. Der Kapitän hat Schwierigkeiten, das der Mannschaft zu erklären. Für uns Offiziere ist es jetzt notwendig, uns auf Probleme mit der Mannschaft vorzubereiten. Lange schaffen wir es nicht mehr, alle an Bord ruhig zu halten. Heute am Morgen habe ich über dem Schiff einen Vogel gesehen. Das gibt Hoffnung. Der Kapitän ist jetzt sicher, bald Land zu entdecken. Vielleicht ist es ja doch möglich, Indien auf dem Seeweg zu erreichen. ...

Entdeckungsreise:

9 Lies den Text in Übung **8** noch einmal. Nach welchen Verben kommt ein Infinitiv mit *zu*? Unterstreiche diese elf Verben. Unterstreiche auch die Infinitive mit *zu*. Ergänze dann die Tabelle. C1

GRAMMATIK

Ein Infinitiv mit *zu* steht oft nach
- bestimmten Verben (*versuchen, anfangen* ...),
- nach bestimmten Konstruktionen mit *haben* (*Lust haben* ...) und
- nach bestimmten Konstruktionen mit *es* (*Es ist schön / wichtig* ...).

Bei trennbaren Verben steht *zu* zwischen beiden Verbteilen: *anfangen* → *anzufangen*.

Wenn nach einem Verb ein Infinitiv mit *zu* stehen kann, solltest du das in deinem Vokabelheft notieren.

Zum Beispiel:

versuchen (zu + Inf.), anfangen (zu + Inf.) ...

Verben + Infinitiv mit *zu*	Konstruktionen mit *haben* + Infinitiv mit *zu*	Konstruktionen mit *es* + Infinitiv mit *zu*
Ich habe vor, ... zu sprechen.	Die meisten haben Angst weiterzusegeln.	Es ist schwierig, ... zu finden.

10 **Was stimmt für dich? Ordne zu und schreib vier Sätze, die zu dir passen.** C1

🙂 Es muss toll / interessant / super / wunderbar ... sein, ...

🙁 Es ist langweilig / anstrengend / schwierig / schrecklich ..., ...

noch eine Fremdsprache lernen ★ die ganze Nacht aufbleiben ★ bei der Mathematik-Olympiade mitmachen ★ auf kleine Kinder aufpassen ★ mit einem Popstar ausgehen ★ mit einer Politikerin / einem Politiker diskutieren ★ als Journalist/in bei einer Zeitung arbeiten ★ Polizist/in sein ★ in einem Zoo mithelfen ★ acht Stunden lang ohne Pause fernsehen ★ in einem Chor singen

11 **Ordne zu und ergänze *zu* an der passenden Stelle.** C1

		Aktion
a	Hört doch auf, ...	auf ihre kleine Schwester aufzupassen.
b	Ich habe Angst, ...	in der Nacht über den Friedhof gehen.
c	Amelie hat versprochen, ...	im Unterricht essen.
d	Ich erlaube meinem kleinen Bruder nicht, ...	sein Moped reparieren.
e	Meine Eltern haben vor, ...	für unsere Familie ein neues Haus bauen.
f	Mark hilft meinem Bruder, ...	auf meinem Laptop Computerspiele spielen.

12 **Sag es anders. Finde die richtigen Verben und schreib Sätze.**
Die unterstrichenen Satzteile sind die Infinitivkonstruktionen mit *zu*. C1

Zeit haben ★ versprechen ★ keine Lust haben ★ ~~vorhaben~~ ★ helfen ★ Angst haben

a Ich nehme nächsten Monat an einem Schachturnier teil. Morgen gebe ich das Anmeldeformular ab.
Ich habe vor, nächsten Monat

b Nein, ich spiele nicht mit. Ich mag nicht.
Ich habe

c Morgen haben wir frei. Da kann ich endlich die Einladungen für meine Party schreiben.
Morgen habe ich

d Du musst das Geschirr nicht alleine abwaschen. Ich kann auch etwas machen.
Ich dir,

e Morgen ist ein Mathetest. Ich bin sehr nervös, obwohl ich noch nie eine schlechte Note bekommen habe.
Ich habe

f Ich habe meiner kleinen Schwester gesagt, heute Nachmittag gehe ich ganz sicher mit ihr ins Kino.
Ich meiner kleinen Schwester , mit ihr

D HÖREN: ALLTAGSSPRACHE

13 **Was weißt du noch? Ordne die Situationen 1–4 den Dialogteilen a–d zu.** D1 KB S. 61

1. Ella weiß nicht, wer Odysseus ist.
2. Eros interessiert sich für Ella.
3. Eros gibt Ella einen neuen Namen.
4. Finn meint, Ella soll vorsichtig sein.

a ◌ Finn: Gut, liebe Schwester. Pass schön auf dich auf.
Ella: Ja, ja, du auch. Tschüss.

b ◌ Ella: Er bringt mir Weintrauben.
Finn: So fängt es an.
Ella: Na und? Ich mag Eros.

c ◌ Ella: Ich bin in Ithaka.
Finn: Oh, die Heimatinsel von Odysseus.
Ella: Von wem?
Finn: Von Odysseus, das ist der mit dem Pferd.

d ◌ Finn: Wie nennt er dich?
Ella: Die schöne Helena.

14 **Ergänze den Dialog mit den unterstrichenen Ausdrücken aus Übung 13.** D1

Felix: Ich habe gestern Laura und Diego gesehen.
Mika: Diego? **a** ...., oder?
Felix: Ja, genau. Ihr Reitlehrer.
Mika: Wo hast du sie denn gesehen?
Felix: Im Eissalon. Er hat sie zu einem Eis eingeladen.
Mika: **b** .... Glaubst du, dass sie ihn mag?
Felix: Ich weiß nicht, aber er nennt sie „Tesoro".
Mika: **c** .... sie?
Felix: Tesoro, das heißt Schatz auf Spanisch, glaube ich. Beim Abschied hat er dann zu ihr gesagt:
d „..!"
Mika: Und was soll das heißen?
Felix: Weiß ich nicht. ... Laura ist **deine** Cousine.

E GRAMMATIK | Verben mit Dativ und Akkusativ

15 **Wer leiht, schenkt, zeigt hier wem was? Schreib *Wer? Wem?* oder *Was?* in die Kästchen.** E1

a Caro: (Wer?) Ich muss am Wochenende (Wem?) einem Verwandten (Was?) die Stadt zeigen. Wohin sollen wir gehen? Was meint ihr?

b Max: Ich muss auf meine zwei kleinen Schwestern aufpassen. ( ) Ich habe ( ) ihnen ( ) eine Gute-Nacht-Geschichte erzählt, aber sie schlafen immer noch nicht. Was soll ich jetzt tun?

c Jonas: ( ) Ich möchte ( ) meiner Cousine ( ) ein Buch zum Geburtstag schenken. Sie ist elf. Was lesen Elfjährige? Hat jemand eine Idee?

d Felix: ( ) Ich habe ( ) einem Jungen aus meiner Schule ( ) meine Kopfhörer geliehen und ( ) er gibt ( ) sie ( ) mir nicht zurück. Was soll ich tun? Er ist größer und stärker als ich.

e Lara: ( ) Ich möchte ( ) meiner Tante ( ) einen Fernsehsessel schicken. Ich will ihn mit der Post schicken. Hat jemand eine bessere Idee?

f Sarah: Kennt jemand gute Erklärvideos für Chemie? ( ) Mein Freund hat ( ) mir heute ( ) das Periodensystem erklärt. Ich verstehe es aber immer noch nicht ganz.

g Ronja: ( ) Meine Schwester muss ( ) meinem Großvater ( ) Schokolade aus dem Supermarkt holen. ( ) Sie bringt ( ) sie ( ) ihm dann ins Krankenhaus. Er soll aber keine Schokolade essen. Was kann man da tun?

h Sebastian: Ich will unbedingt zu dem Konzert am Wochenende. Ich habe kein Geld und ( ) meine Eltern bezahlen ( ) mir ( ) die Eintrittskarten nicht. Was kann ich tun?

16 **Schreib die zehn Verben mit Dativ und Akkusativ aus Übung 15 in die Tabelle.** E1

Verben mit der Bedeutung *geben* bzw. *nehmen*	Verben mit der Bedeutung *sagen*
schenken,	

17 **Welche Situationen aus Übung 15 sind gemeint? Ersetze die Pronomen durch Nomen.** E1

a Er möchte es ihr schenken. ……

b Er gibt sie ihm nicht zurück. ……

c Er hat sie ihnen erzählt. ……

d Sie muss sie ihm holen. ……

e Er hat es mir erklärt. ……

f Sie bezahlen sie mir nicht. ……

g Ich muss ihn ihr schicken. ……

h Er hat sie ihm geliehen. ……

i Sie muss sie ihm zeigen. Caro muss einem Verwandten die Stadt zeigen.

18 **Welches Diagramm A oder B passt zum Dialog? Hör zu und kreuze an.** E1 27

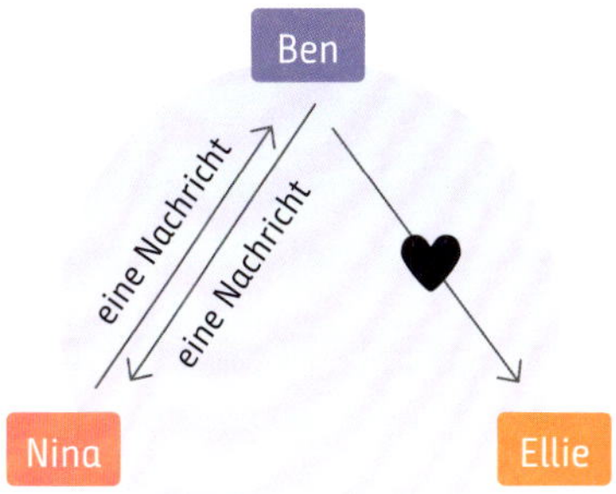

(A) ◯

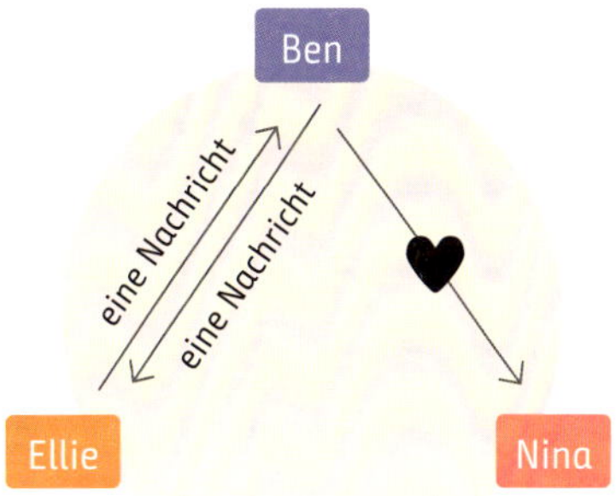

(B) ◯

19 **Was passt? Hör noch einmal. Streich die Pronomen durch und schreib die richtigen Namen.** E1 27

a Er .... wollte ~~ihr~~ Ellie eine Nachricht schreiben, aber er hat ihr .... eine Nachricht geschrieben.

b Er .... hat ihr .... ein Computerspiel geliehen.

c Er .... möchte ihr .... seine Computerspiele zeigen.

d Sie .... hat ihm .... eine Nachricht zurückgeschrieben.

e Sie .... schreibt, er .... muss ihr .... seine Computerspiele nicht zeigen.

20 **Ergänze die Dialoge mit den richtigen Pronomen.** E1

- ○ Hier ist das Buch für Mark. Bringst du es ihm ?
- ◆ Klar, mache ich.
- ○ Hast du Tara schon das T-Shirt zurückgegeben?
- ◆ Nein, aber ich bringe .... morgen.
- ○ Kannst du mir Justins Handynummer geben?
- ◆ Ja, einen Moment, ich gebe .... sofort.
- ○ Haben Merle und Tom das Mathematikproblem verstanden?
- ◆ Ja, er hat .... gut erklärt.
- ○ Könntest du mir deinen Kugelschreiber leihen?
- ◆ Ja, ich gebe .... sofort, ich muss nur noch hier unterschreiben.
- ○ Max braucht für die Pizza noch eine Dose Fisch.
- ◆ Gut, ich hole .... gleich.

WORTSCHATZ

Bei Verben mit der Bedeutung *geben*, *nehmen* oder *sagen* stehen sehr oft ein Dativ und ein Akkusativ. Der Dativ steht dann für die Person, der Akkusativ steht für eine Sache. Achte auch auf die Reihenfolge von Dativ und Akkustiv im Satz!

Zum Beispiel: Robin gibt mir das Buch. Er gibt es mir.

AUSSPRACHE | *r*, *l* und *n*

21 **Hörst du *r*, *l* oder *n*? Kreuze an.** 28

	a	b	c	d	e	f	g	h	i	j	k	l
r	○	○	○	○	○	○	○	○	○	○	○	○
l	○	○	○	○	○	○	○	○	○	○	○	○
n	○	○	○	○	○	○	○	○	○	○	○	○

22 **Hör zu und ergänze *r*, *l* oder *n*. Hör dann noch einmal und sprich nach.** 29

Zah○ – Zah○
○ass – ○assen
Sch○ank – sch○ank
b○aun – b○au
füh○en – füh○en
○eich – ○eicht
○inks – ○echts
vo○ – vo○○
○ücken – ○ücken

AUSSPRACHE

Sprich „nnnnnnnn". Halte jetzt die Nase zu. Aus „nnnnnnn" wird „lllllll".
Zu **/r/** siehe auch Arbeitsbuch A1.2, Lektion 12 (S. 79).

23 **Ergänze *r*, *l*, oder *n*. Hör dann zu und sprich nach.**
Fünf Wörter passen nicht zu den Nomen. Streiche diese Wörter durch. 30

○etzte ○acht
ei○ he○○es ○icht
ei○ ~~frischer~~ Fi○m
ei○ ○anges ○eben
ei○e b○aue B○ume
ei○ ○undes Quad○at
die ○ichtige ○ösung
ei○ t○au○iges Fahr○ad
d○eihundertd○eißig G○ad im F○üh○ing
ei○ schwie○iges ○ätse○
ei○e ○eue B○use
ei○ g○ü○ge○bes ○äche○n

FERTIGKEITENTRAINING

24 SPRECHEN **Lies die vier Karten. Hör dann das Prüfungsgespräch. Welche Karte hat Adnan von der Prüferin bekommen? Kreuze an.** 31

A

von sich erzählen

Was machst du gern in den Ferien?

Reisen? – Ferienjob? – Wandern? – Mit wem?

B

von sich erzählen

Was machst du an einem normalen Schultag?

Aufstehen? – Schulweg? – Frühstück? – Freizeit?

C

von sich erzählen

Was gefällt dir in der Schule? Was gefällt dir nicht so gut?

Schulfächer? – Lehrer und Lehrerinnen? – Sport? – Freunde?

D

von sich erzählen

Wie möchtest du gern wohnen?

Stadt oder Land? – Haustiere? – Haus oder Wohnung? – Allein oder mit Familie?

25 SPRECHEN **Was sagt Adnan? Hör noch einmal und verbinde.** 31

1 Mein Lieblingsfach ist ...
2 Ich finde, dass ...
3 Ich hätte gern ...
4 Deutsch finde ich ...
5 Wir machen oft Projekte. Das ...
6 Es ist schön, wenn ...
7 Vielleicht werde ich ...
8 Eigentlich weiß ich noch nicht, was ...

a Mathematik
b Sport.
c mag ich nicht so gern.
d mehr Projekte.
e drei Sportstunden nicht genug sind.
f ich machen werde.
g man Freunde in der Schule hat.
h mehr Sport.
i gefällt mir.
j Deutschlehrer.
k interessant.
l Basketballtrainer.

26 SPRECHEN **Lies die Redemittel. Welche passen zu Karte A, welche passen zu Karte D auf Seite 87? Ergänze A oder D.**

1 (D) Ich wohne lieber in der Stadt / auf dem Land … als …
2 ( ) Ich fahre gern ans Meer / in die Berge / nach Italien …
3 ( ) Wandern / Schwimmen / Tauchen … finde ich interessant / toll / nicht so gut …
4 ( ) In der Stadt / Auf dem Land kann man …
5 ( ) Ich faulenze / lese … lieber.
6 ( ) Am liebsten würde ich in einem Haus / einer Wohnung … wohnen.
7 ( ) Für mich ist es wichtig / interessant / notwendig …, einen guten Ferienjob zu finden / Spaß zu haben …
8 ( ) Ich hätte gern einen Garten / einen Hund …
9 ( ) Ich bin in den Ferien gern mit meiner Familie / mit meinen Freunden … zusammen.
10 ( ) Ich möchte gern mit meiner Familie / alleine … wohnen. Das ist …

27 SPRECHEN **Wähl eine Karte aus Übung 24. Was könntest du über dich erzählen? Mach Notizen und nimm dich dann mit deinem Handy auf.**

28 SPRECHEN **Ihr wollt in dieser Woche nachmittags eure gemeinsame Ferienreise planen. Findet einen Termin. Partnerin / Partner A benutzt den Terminkalender auf dieser Seite, Partnerin / Partner B den Terminkalender auf Seite 97.**

Wollen wir zusammen unsere Ferienreise planen? Hast du Lust?
Ja, das ist eine gute Idee. Wann hast du Zeit?
Geht es am … um …?
Leider nicht, da kann ich nicht, da …
Könntest du …?
Nein, leider. Ich habe … gesagt, dass ich ganz sicher …
Aber am … habe ich Zeit.
Gut, dann komme ich am … um … zu dir und wir … zusammen.

PARTNERIN/PARTNER	A
Montag	15:00 babysitten (Tim)
Dienstag	16:00 Training
Mittwoch	Fahrrad reparieren
Donnerstag	16:00 Uhr Training
Freitag	15:00 babysitten (Tim)
Samstag	???

29 SPRECHEN **Daniel, dein Freund aus Deutschland, will dich in deiner Heimatstadt besuchen. Was will Daniel in seiner E-Mail wissen? Unterstreiche seine Fragen.**

An:
Betreff: Besuch

Hallo …,

bald ist es so weit. Nächste Woche sehen wir uns. Ich freue mich schon riesig! Übrigens, wie ist das Wetter bei euch? Was soll ich einpacken? Sind T-Shirts und Jeans okay oder brauche ich auch warme Sachen? Weißt du schon, was wir machen, wenn ich bei euch bin? Wir haben ja eine Woche Zeit, und ich will alles sehen! 🙂 Ich komme am Freitag um 19:00 Uhr am Bahnhof an. Wie komme ich zu dir nach Hause? Kannst du mich abholen? Wenn du keine Zeit hast, schick mir bitte eine Wegbeschreibung.

Bis bald
Daniel

30 SCHREIBEN **Schreib Daniel eine E-Mail:**

- Sag, dass du dich auch freust.
- Sag, dass das Wetter sehr schön ist.
- Mach Vorschläge für Aktivitäten.
- Sag, dass du ihn abholst.
- Frag nach einem Foto von Daniel.

Schreib etwas zu allen fünf Punkten.

An:

Betreff:

SCHREIBEN IN DER PRÜFUNG

Nach dem Schreiben solltest du deinen Text noch einmal gut durchlesen. Denk dabei an diese Fragen:
- Habe ich zu allen Inhaltspunkten etwas geschrieben? Habe ich alle Fragen beantwortet?
- Können die Leser meinen Text verstehen? Muss ich etwas ergänzen oder klarer machen?
- Ist mein Text für meine Leser interessant? Kann ich den Text interessanter machen?
- Welche Grammatikfehler mache ich oft? Habe ich diese Fehler jetzt auch gemacht?
- Habe ich die richtigen Worte gefunden? Kann ich etwas mit anderen Worten besser sagen?

A1a	• Ehemann, der, ¨-er		○ Ist das die Freundin von Herrn Kastner?
	• Ehefrau, die, -en		◆ Nein, das ist seine Ehefrau. Sie sind verheiratet.
	klug		Odysseus hat immer gute Ideen. Er ist der klügste Held der Antike.
A2a	zerstören		Troja war früher eine wunderschöne Stadt.
	• Zerstörung, die, -en		Dann wurde sie im Krieg zerstört.
A2b	riesig		Russland ist ein riesiges Land. Es ist das größte Land der Welt.
	• Grieche, der, -n		Anastasia kommt aus Athen. Sie ist Griechin.
	• Griechin, die, -nen		
	beschließen		Heinrich Schliemann hat einen Plan: Er beschließt, Troja zu finden.
	faszinieren		Ich interessiere mich sehr für Geschichte. Geschichte fasziniert mich.
	• Hügel, der, -		= ein kleiner Berg
	graben		
B2a	zu·schauen		Das Fußballstadion war voll mit Fans. 20 000 Menschen haben dem Spiel zugeschaut.
B2b	prüfen		Ich glaube, mein Fahrrad ist kaputt. Ich muss prüfen, ob es funktioniert.
	• Prüfer, der, -		○ Wie war deine Mathematikprüfung?
	• Prüferin, die, -nen		◆ Ganz gut, aber die Prüferin war sehr streng.
B2d	• Mauer, die, -n (B1)		
	• Schatz, der, ¨-e		
B3a	vermuten		Manche Menschen vermuten Atlantis am Meeresboden. Aber niemand weiß, ob es die Stadt wirklich gegeben hat.
	reich		Der König war ein sehr reicher Mann. Er hatte ein Schloss voll mit Gold.
	allerdings		Ich komme gerne zu deiner Party. Allerdings kann ich nicht lange bleiben.
	• Lügner, der, -		Alex ist ein Lügner. Was er sagt, ist falsch.
	• Erfolg, der, -e		Die Forscher haben Erfolg: Sie finden die alte Stadt.
	• Gold, das (*Sg.*) 		
	wertvoll		○ Ist deine Uhr wertvoll? ◆ Nein, sie war ganz billig.
	retten		Der Regenwald ist in Gefahr. Wissenschaftler wollen ihn retten.
C1b	versuchen		○ Hast du dein Fahrrad repariert? ◆ Ich habe es versucht, aber es ist immer noch kaputt.

	fort·setzen	....	Die Forscherinnen und Forscher machen eine Pause. Dann setzen sie ihre Arbeit fort.
	versprechen	....	Wo ist Elisabeth? Sie hat versprochen, mir beim Aufräumen zu helfen!
	vor·haben	....	○ Hast du Pläne fürs Wochenende? ◆ Ich habe vor, ins Schwimmbad zu gehen.
C1c	teil·nehmen	....	An dem Turnier nehmen zehn Mannschaften teil.
D1a	sich verlieben	....	Romeo und Julia verlieben sich. Sie werden ein Paar.
D1f	• Beziehung, die, -en	....	○ Wie ist die Beziehung zwischen Helena und Menelaos? ◆ Sie sind verheiratet. Aber Helena verliebt sich in Paris.
E1a	• Schirm, der, -e	....	Es ist so heiß, mach doch bitte den Sonnenschirm auf.
E1b	sauer	....	Die Weintraube schmeckt sehr sauer. Ich glaube, sie muss noch süßer werden.
⊕1a	unternehmen	....	○ Möchtest du gemeinsam etwas unternehmen? ◆ Ja! Wir könnten ins Kino gehen.
	männlich	....	Es gab nicht nur männliche Entdecker. Auch Frauen reisten um die Welt.

23 + 24 | MODUL-PLUS

LL 1a	transportieren	....	Das Schiff transportiert Lebensmittel über den Fluss.
P1a	• Smartphone, das, -s	....	= Handy
	• Schere, die, -n	....	Kannst du mir die Schere geben? Ich muss Karten für die Präsentation schneiden.

TEST 23+24

PUNKTE

1 GRAMMATIK **Schreib Relativsätze.** G

a Die Familie, *(sie wohnt neben uns)* die neben uns wohnt, heißt Schmidt.

b Der Vater, *(er fährt jeden Tag mit dem Auto zur Arbeit)* ……………………
……………………, ist Techniker von Beruf.

c Die Mutter, *(sie ist eine gute Freundin meiner Mutter)* ……………………
……………………, ist Musikerin.

d Die Kinder, *(sie gehen in dieselbe Schule wie ich)* ……………………
……………………, heißen Max und Eva.

e Max, *(er ist zwei Jahre älter als ich)* ……………………,
ist der Freund meiner Schwester.

f Eva, *(sie ist so alt wie ich)* ……………………,
fährt gern Cartrennen. ………… von 5

2 GRAMMATIK **Schreib Genitive.**

a die Erfindung *(das Radio)* des Radios

b die Entdeckung *(die Titanic)* ……………

c die Lösung *(die Aufgaben)* ……………

d der Anfang *(das Projekt)* ……………

e der Bau *(der Eiffelturm)* ……………

f die Sensation *(der Tag)* ……………

g das Ende *(die Expedition)* ……………

h die Geschichte *(der Fußball)* …………… ………… von 7

3 GRAMMATIK **Wer fragt was? Schreib indirekte Fragesätze.**

a Philipp: „Wann ist der Physiktest?"
Philipp fragt Lina, wann der Physiktest ist.

b Anna: „Wie viel kostet der Tanzkurs?"
Anna will von Finn wissen, ……………………

c Ben: „Hast du die Mathehausaufgabe gemacht?"
Ben fragt Amelie, ……………………

d David: „Findet der Wandertag auch bei Regen statt?"
David fragt Herrn Schuster, ……………………

e Sophia: „Welches Buch müssen wir für Englisch lesen?"
Sophia will von Clara wissen, …………………… ………… von 4

4 GRAMMATIK **Ordne zu und ergänze *zu* vor dem Infinitiv. Achtung: Manchmal kommt kein *zu*. Schreib dann /.**

a Emily hat leider keine Zeit, — auf …… räumen.

b Zoes Eltern haben vor, ein Haus — mit …… spielen.

c Samuel soll nächste Woche nach Wien — mit ihren Freunden ins Kino zu gehen.

d Anna hat keine Lust, in Marks Band — Klavier …… üben.

e Luisa darf nicht nach 22:00 Uhr — …… bauen.

f Mila hilft Paul, nach der Party — …… fahren. ………… von 5

PUNKTE

5 WORTSCHATZ **Finde die Wörter und ergänze die Sätze.** W

a Auf einem USB-Stick kann man Dateien *(epihcsren)* ....

b Auf dem *(ooirMnt)* .... zeigt der Computer Dateien an.

c Auf der *(saTuattr)* .... schreibt man Texte.

d Mit der *(asuM)* .... klickt man auf dem Monitor Symbole an.

e Dateien speichert man in einem *(rndeOr)* ....

f Mit einem Drucker kann man Dateien *(druauscken)* ....

g *(ziSoale kewerNetz)* .... helfen uns, in Kontakt zu bleiben. ...... von 7

6 WORTSCHATZ **Verben mit Akkusativ und Dativ. Ergänze.**

erzählen ★ leihen ★ zurückgeben ★ schicken ★ erklären ★ zeigen

Verben mit der Bedeutung „sagen"

a Noah .... Wem? Emilia Was? die Mathematikhausaufgabe.

b Der Großvater .... Wem? seinen Enkelkindern Was? eine Geschichte.

c Matteo will Wem? seinen Freunden am Nachmittag Was? die Stadt ....

Verben mit der Bedeutung „geben" oder „nehmen"

d Anna .... Wem? ihrem Bruder Was? ihre Kopfhörer.

e Tims Mutter .... Wem? ihm zum Geburtstag Was? ein Paket mit Geschenken.

f Kannst du Wem? mir morgen Was? meine Kamera ....? Du hast sie schon eine Woche. ...... von 6

7 ALLTAGSSPRACHE **Ergänze.** A

dringend ★ das ist der mit ★ so fängt es an ★ zahlst du bar oder mit Karte ★ schade eigentlich

a ○ Tom holt Maja ab.
◆ Wer ist Tom?
○ Na, ... dem Cabrio.

b ○ ....? ◆ Ups, ich habe gar kein Geld dabei.

c ○ Pia kommt nicht zur Party.
◆ ...., ich finde sie nett.

d ○ Leihst du mir dein Handy? Ich muss .... telefonieren.

e ○ Ich habe heute zwei Stunden lang Computerspiele gespielt.
◆ ...., morgen sind es drei Stunden. ...... von 5

G	W	A	Wie gut bist du schon?
17–21	11–13	5	😃 Sehr gut!
12–16	8–10	3–4	🙂 Okay!
0–11	0–7	0–2	😐 Na ja. Das übe ich noch.

GRAMMATIK-WIEDERHOLUNG — Weißt du's noch?

1 Verb

a Perfekt

haben … Partizip
Jemand **hat** Campingurlaub **gemacht**.

sein … Partizip
Der Grill **ist umgefallen**.

Was **ist passiert**?

Perfekt mit *sein*: fahren, kommen, gehen, laufen, schwimmen, aufstehen, fallen, passieren, steigen, einsteigen, aussteigen, verreisen, umfallen …

KB S. 10

b Modalverben

	müssen	können	wollen	dürfen	mögen	sollen
ich	**muss**	**kann**	**will**	**darf**	**mag**	**soll**
du	**musst**	**kannst**	**willst**	**darfst**	**magst**	**sollst**
er, es, sie, man	**muss**	**kann**	**will**	**darf**	**mag**	**soll**
wir	müssen	können	wollen	dürfen	mögen	sollen
ihr	müsst	könnt	wollt	dürft	mögt	sollt
sie, Sie	müssen	können	wollen	dürfen	mögen	sollen

Ich **darf** nicht zum Fußballspiel nach Hamburg **fahren**.

KB S. 20

c Präteritum von *sein, haben* und Modalverben

	sein	haben	können
ich	**war**	**hatte**	**konnte**
du	**warst**	**hattest**	**konntest**
er, es, sie, man	**war**	**hatte**	**konnte**
wir	**waren**	**hatten**	**konnten**
ihr	**wart**	**hattet**	**konntet**
sie, Sie	**waren**	**hatten**	**konnten**

Diese Erfahrung **mussten** auch Elisabeth und Veronika **machen**.

ebenso:
müssen – musste
dürfen – durfte
wollen – wollte
sollen – sollte
mögen – ! mochte

KB S. 11

2 Pronomen und Präpositionen

a Pronomen

Nominativ	Akkusativ	Dativ
ich	mich	mir
du	dich	dir
er	ihn	ihm
es	es	ihm
sie	sie	ihr
wir	uns	uns
ihr	euch	euch
sie	sie	ihnen
Sie	Sie	Ihnen

Hast du mit **ihm** telefoniert?

Ja, ich habe **ihn** zu **mir** eingeladen.

KB S. 23

b **Präpositionen mit Dativ und Akkusativ**

+ Akkusativ	+Dativ	+Akkusativ (Wohin?) + Dativ (Wo?)
durch, für, ohne, gegen, um	mit, zu, bei, aus, von, nach	in, an, auf, neben, vor, hinter, über, unter, zwischen

Präposition + dem, das, der:
bei → **beim** (bei + dem)
von → **vom** (bei + dem)
in → **im**, **ins** (in + dem, das)
an → **am**, **ans** (an + dem, das)
zu → **zum**, **zur** (zu + dem, der)

Wie komme ich **zum** Baumarkt?

Du musst **durch** den Park gehen.
Geh **beim** Supermarkt **nach** rechts.

KB S. 41

3 Satz

a **Nebensatz mit *wenn***

Man ist erwachsen. Man ist 18 Jahre alt. → Man ist erwachsen, **wenn** man 18 Jahre alt ist.

Man ist 18 Jahre alt. Man darf Auto fahren. → **Wenn** man 18 Jahre alt ist, darf man Auto fahren.

Wann ist man erwachsen?

Ich denke, man ist erwachsen, **wenn** man eine eigene Wohnung **hat**.

KB S. 16

b **Nebensatz mit *weil***

Markus mag seinen Beruf, er ist nie langweilig. → Markus mag seinen Beruf, **weil** er nie langweilig ist.

Markus ist Synchronsprecher geworden,
er hat als Kind schon gern Figuren gesprochen. → Markus ist Synchronsprecher geworden,
weil er als Kind schon gern Figuren gesprochen hat.

Warum findest du den Beruf interessant?

Weil man jeden Tag eine neue Aufgabe **hat**.

KB S. 29

c **Satz mit *deshalb***

◆ **Warum** war sie nach der Arbeit oft müde?
○ Sie hat viel gearbeitet. **Deshalb** war sie nach der Arbeit oft müde.

KB S. 14

d **Fragesatz**

Ja/Nein-Frage	Bist	du	mit deinem Computer zufrieden?
W-Frage	Wie viel hat	dein Computer	gekostet?

Hast du Monas neuen Freund schon **gesehen**?
Wie alt **ist er**?

KB S. 54

LÖSUNGEN TESTS 19–24

19 + 20 | TEST

GRAMMATIK

1 **b** findet **c** laufen **d** geht **e** kauft

2 **b** einen schweren Unfall hatte
c hat sie noch viele Fans **d** große Angst hatte
e will sie von zu Hause ausziehen

3 **b** obwohl **c** weil **d** trotzdem
e wenn **f** Deshalb

4 **b** streiten sich **c** uns verletzen **d** fühlt ... sich
e ärgere mich **f** euch ausruhen

5 **b** eines, seines **c** welche, ihre
d eine, deine **e** welche, eure

WORTSCHATZ

6 **b** Gips **c** Salbe **d** Unfall **e** blutest
f Fieber **g** Pflaster

7 **b** links **c** unten **d** vorne **e** hinaus **f** hier

ALLTAGSSPRACHE

8 **a** nie im Leben **b** Stell dir vor **c** Tatsächlich
d Das heißt **e** Du vielleicht

21 + 22 | TEST

GRAMMATIK

1 neuen, neuen, lange, blonde, Lange, neue, rotes, roten, blauer, großen

2 **b** Lena hätte gern auch einen Hund.
c Jakob hätte gern mehr Zeit.
d Jan hätte gern seinen Regenmantel.
e Kai würde gern nach Berlin fahren.
f Ina und Tom würden gern einen anderen Film sehen.

3 **a** letztes **b** letztes **c** nächsten
d diese, nächste **e** letztes

4 **a** Vor **b** Seit **c** Wie lange
d Wann **e** Bis **f** Bis wann

5 **b** werden ... gezeigt **c** wird ... gemacht
d werden ... operiert **e** wird ... gespielt
f werden ... verkauft

WORTSCHATZ

6 **a** Komödie **b** Science-Fiction
c Liebesfilm **d** Horrorfilm

7 **a** originell **b** prima **c** begeistert
d spannend **e** peinlich **f** schwach
g romantisch **h** hervorragend

ALLTAGSSPRACHE

8 **a** Warum ich **b** Ich wollte immer schon
c Lass dich nicht so bitten **d** das sagen alle
e Ich weiß von nichts

23 + 24 | TEST

GRAMMATIK

1 **b** der jeden Tag mit dem Auto zur Arbeit fährt
c die eine gute Freundin meiner Mutter ist
d die in dieselbe Schule wie ich gehen
e der zwei Jahre älter als ich ist
f die so alt wie ich ist

2 **b** der Titanic **c** der Aufgaben **d** des Projekt
e des Eiffelturms **f** des Tages **g** der Expedition
h des Fußballs

3 **b** wie viel der Tanzkurs kostet.
c ob sie die Mathehausaufgabe gemacht hat.
d ob der Wandertag auch bei Regen stattfindet.
e Welches Buch sie für Englisch lesen müssen.

4 **b** zu bauen **c** fahren **d** mitzuspielen
e Klavier üben **f** aufzuräumen

WORTSCHATZ

5 **a** speichern **b** Monitor **c** Tastatur **d** Maus
e Ordner **f** ausdrucken **g** Soziale Netzwerke

6 **a** erklärt **b** erzählt **c** zeigen **d** leiht
e schickt **f** zurückgeben

ALLTAGSSPRACHE

7 **a** das ist der mit **b** Zahlst du bar oder mit Karte
c Schade eigentlich **d** dringend
e So fängt es an

28 SPRECHEN **Ihr wollt in dieser Woche nachmittags eure gemeinsame Ferienreise planen. Findet einen Termin. Partnerin / Partner B benutzt den Terminkalender auf dieser Seite, Partnerin / Partner A den Terminkalender auf Seite 88.**

Wollen wir zusammen unsere Ferienreise planen? Hast du Lust?
Ja, das ist eine gute Idee. Wann hast du Zeit?
Geht es am ... um ...?
Leider nicht, da kann ich nicht, da ...
Könntest du ...?
Nein, leider. Ich habe ... gesagt, dass ich ganz sicher ...
Aber am ... habe ich Zeit.
Gut, dann komme ich am ... um ... zu dir und wir ... zusammen.

PARTNERIN/PARTNER	B
Montag	am Nachmittag einkaufen
Dienstag	15:00 Café Müller mit Sanja
Mittwoch	???
Donnerstag	17:00 Gitarrenstunde
Freitag	16:00 Tanzschule
Samstag	nachmittags im Garten arbeiten

QUELLENVERZEICHNIS

Cover © Getty Images/iStock/photographer

S. 6: Emma © Seventyfour – stock.adobe.com
S. 7: Skifahrer © Christian Maislinger (Mit freundlicher Genehmigung der Familie Aigner); Skistöcke © Getty Images/iStock/Lilkin
S. 16: Kleeblatt und Biene © Getty Images/iStock/Turqay Melikli
S. 17: Illustration © Getty Images/iStock/Visual Generation
S. 20: Gruppe © Hitoshi Yamada/NurPhoto SRL/Alamy Stock Foto; Springer © Katya Tsvetkova/Alamy Stock Foto
S. 21: Piktogramme © Getty Images/E+/cajoer
S. 24: Disco © Thinkstock/iStock/Bojan Pipalović;
S. 25: Frau © Ruslan Russland – stock.adobe.com
S. 29: Fallschirm © iStock/Elnur
S. 30: Frau © Getty Images/iStock/standret; Vorrang Gegenverkehr © fotolia/reeel; Durchfahrt verboten © fotolia/sunt; Zebrastreifen © Bundesanstalt für Straßenwesen
S. 31: Schilder © fotolia/sunt; Lena © Getty Images/E+/oleg66
S. 33: Zebrastreifen © Bundesanstalt für Straßenwesen
S. 36: Mann © David Fuentes - stock.adobe.com
S. 37: Sarah © Getty Images/iStock/Tatyana Maximova
S. 38: Kim © Getty Images/iStock/Saadetalkan; Paul © Getty Images/iStock/Highwaystarz-Photography; Helena © Getty Images/iStock/Photo_Concepts
S. 43: Jugendliche © Getty Images/E+/kali9
S. 64: Blatt und Blume © Getty Images/iStock/heibaihui
S. 65: Ü4 © Martin Lange
S. 68: Illustration © Cornelia Krenn, Wien
S. 69: Ü14 a – i: © Getty Images/DigitalVision Vectors/kenex
S. 77: Ü C1c: © Getty Images/DigitalVision Vectors/kenex
S. 78: Homer © Getty Images/DigitalVision Vectors/Nastasic; Troja © Getty Images/iStock/D_Zheleva
S. 83: Frau © Getty Images/iStock/tonefotografia; Mann © Getty Images/E+/FreshSplash
S. 94: Ü1c: Skifahrerinnen © Christian Maislinger (Mit freundlicher Genehmigung der Familie Aigner)

Gesamtes Lehrwerk: kariertes Papier © Getty Images/iStock/TARIK KIZILKAYA

Produktionsfotos: Alexander Sascha Keller, München
Illustration: Beate Fahrnländer, Lörrach
Schülerillustration: Cornelia Krenn, Wien
Bildredaktion: Natascha Apelt, Hueber Verlag, München

Inhalt der zwei CDs
Hörtexte zum Kursbuch Lektionen 19 – 24

Sprecherinnen und Sprecher: Peter Frerich, Manuel Scheuernstuhl, Peter Veit, Dascha von Waberer, Lilith von Waberer, Lara Wurmer
Produktion: Atrium Studio Medienproduktion GmbH, 81379 München

PLATZ FÜR GUTE IDEEN!

PLATZ FÜR GUTE IDEEN!

E-Book inside

Mit dem Kauf dieses Buchs erhalten Sie das zugehörige E-Book gratis. Sie können dabei aus drei Dateiformaten wählen: EPUB (gängiges Format für E-Reader und Tablets), PDF (für PC und Laptop) oder MOBI (für den Amazon Kindle). So kommen Sie an Ihr kostenloses E-Book:

Rufen Sie im Internet diese Website auf:
↗ http://www.junfermann.de/ebook-inside

Geben Sie den unten stehenden Code in das dafür vorgesehene Feld ein und klicken Sie → Code einlösen. Nach Eingabe Ihrer E-Mail-Adresse und Auswahl des E-Book-Formats erhalten Sie sofort einen Download-Link für das gewünschte E-Book an Ihre E-Mail-Adresse.

Bitte beachten Sie, dass der Code für Sie personalisiert wird und nur einmal gültig ist. Die Datei müssen Sie zunächst auf Ihrem Computer speichern, bevor Sie sie auf ein mobiles Endgerät überspielen können.

4IDV7I29